教育生態學導論

——教育問題的生態學思考

李聰明　著

臺灣學生書局印行

前　言

　　臺灣地區的教育，由於經濟的快速成長、政府宣布解嚴、海峽兩岸關係的改善和 21 世紀的來臨等重大激盪性因素衝擊下，確須要有一番新的思考。四十年來，政府在臺灣最大的努力目標就是為反攻大陸，所以教育經營的思考技術，便是以反攻大陸的政策為思考的重心。為推行反攻大陸的策略，政府需要具備馴服的、機械的、戰鬥的和思想一元化的性格的國民作後盾，因此，教育上需要設計一套訓練國民養成這幾種性格的最佳模式。聯考的教育體制下，國民小學教師命小學生回家寫功課，一個生字或新詞寫二行或三行，背參考書的解釋，這就是有利於訓練國民馴服的和機械化的作法。國民中學的學生晨考、隨堂考、輔導課寫考卷、週考、月考、期考、模擬考，天天從早考到晚，讓學生一看試題，不必思索，就知道答案，這也是對國民實施馴服的、機械的和熟練的國民訓練。臺灣地區四十年來努力的第二個主要目標是發展經濟，但發展經濟的教育思考，不能違背反攻大陸的思考。而在反攻大陸的教育思考技術下，培養出來的呆板化、機械化、熟練化的國民，適合於發展加工出口區經濟。加工出口的工廠須要勞力密集的操作工，所以加工出口的經濟發展政策與反攻大陸的教育思考召合。四十年來的反攻基地建設與經濟發展有

如此成就，應歸功於教育的有效配合。

可是，臺灣的經濟發展，不能長遠停留於加工出口的型態。國際貿易自由化的浪潮湧來，此時最重要的是工業的升級，使在原有的基礎上朝向資本密集與技術密集的工業發展。工業升級和政治反攻需要的人力資源不是呆板機械化的國民，而是需要富有創造力、思考力的國民。像今日聯考體制下的升學主義教育，就很難培養富於創造思考的國民。

本書就是站在這個觀點出發，從生態學的原理來思考教育問題。首先，在解嚴的社會、政治、經濟、文化環境裏，教育不再是訓練國民馴服、呆板、機械的工具，因此，教育的應回歸教育的本質。本書在教育制度（系統）方面，從生態系的原理來思考，認爲應以共榮共存的教育生態系統來引導臺灣的教育走上正常發展。幼兒教育與國民中小學教育方面，認爲應在開放教育的體制下解除國民的升學壓力；並從兒童的生態變遷，考量教育的因應之道。科學與技術教育方面，人類迄至目前爲止，不斷地以科技支援經濟發展，而將人類賴以生存的生態環境予以破壞，生態學家認爲人類如果對於自己賴以生存的環境保護缺乏覺醒，則地球上的"人類時代"將會結束，所以未來的科技教育，應以教導人類維護生存環境的生態平衡最爲重要。職業教育方面，由於解嚴後勞工運動不斷發生，而勞工運動與"職業人"的生態攸關，所以本文從職業人的生態來探討職業教育問題，認爲職業人在生態上既要扮演職位的角色功能，一方面要以奉獻來交換待遇福利和榮譽尊敬，一方面又會因利益的衝突而對抗爭執，所以教育應從根本上教導國民如何準備做一個現代社會的職業人。"階

段化教育"的功能發揮，會將國人帶回封建階級的社會裏，臺灣
教育體制以聯考領導升學主義教育，而聯考正發揮著階段化的教
育功能，阻止終身化教育的實現，教育如果要使其自由化、多元
化，則終身化的教育體制便要先促其實現。每個人在生態上有終
身學習的需要，所以教育的體制應使每一個國民想學習的時候便
有就學的機會——這就是教育的開放制度。國家固然不必要強迫
國民接受十二年的或十六年的義務教育，但國家應充分提供國民
接受高中以上的教育機會。大學的門應該開放給國民，讓每一個
國民於需要時進入大學研習，而不是控制大學生的人數，壓制國
民受高等教育的權利與機會。從生態學的觀點看，國民的成熟度
越高，其應付環境的能力越強，所以，開放教育乃是國家增進實
力的最重要策略。

　　教育乃是人類的大事。當人類的思想一旦有了革命性的轉
變，則對於教育的想法與作法，必然也會引起變化。七十年代以
來，人類思想重心，已由"經濟發展"一變而轉爲"注重生態"
的思考。國家的施政、教育的推展、社會的活動、技術的開發，
都改變了思考的模式，並先從生態學的原理來考量。本書的序論
部分，就是爲教育思考的轉變作一段引言。本論部分有七個單
元，但未論及公民教育、道德教育、音樂教育、美術教育……等
——因爲這是一本導論的書，未論及的部分，留待各專門領域的
學者去思考。本書倘能夠在教育的思考技術方面發生拋磚引玉的
作用，則屬作者之榮幸。

民國七十八年四月九日

作者識於臺北士林

目次

序　論

新的革命思潮——生態學的思考技術

超越傳統科學和哲學的生態學

自文藝復興以來，差不多在每一個時期，革命思潮的發展都受一門科學和一門哲學結合的影響。哥本尼和加里略時代的天文學改變了整個充滿迷信的中世紀思想，幫助歐洲掀起一場思想運動，進入批判的理性主義，使得歐洲人的人生觀走進公開的能夠和教會對抗的自然主義和人文主義的時代。盧梭的自然主義展開了天賦人權學說，法國大革命隨之而起，之後民主政治風起雲湧。物理和數學的發展，也強化了思想上的解放運動，生物學和人類學的進化理論，使杜威的經驗哲學放射光芒，馬克思的唯物論，不但把維多利亞的時代從根本上撼動搖落，連心理學的心靈都變成物之原理，使行為科學勃然風行於當今之世❶。

西洋人渡過中世紀黑暗時代之後，觀察自己所處的周圍自然環境，引用觀察結論，確立了科學的方法，並將它普及於各部門，使知識系統化。後來又進一步將科學應用於生產方面，於是產業技術誕生，飛渡西洋人祖先夢幻的境界，到達征服自然、大量生產、人定勝天的世界❷。

回顧科學發展——英國為開採森林木材，於1765年發明蒸汽

機作爲動力使用，後來動力機器即相繼發明，而開始耗費能源。
從利用煤炭爲蒸汽機的燃料算起，至今煤礦已快要被人類掘盡。
1806年起，天然瓦斯被利用於工廠的照明。1832年發明機器發
電，1859年開始採掘石油，1876年發明內燃機，1954年核能和平
用途開始。……人類的科技發展眞是快速，而後浪推前浪，其發
展迄無限制，無止境❸。

發展經濟的思考技術

　　到本世紀的七十年代爲止，所有向著工業化社會努力推進的
國家，其政治、行政、敎育、社會、工商業等各界人士，各大小
機構的一舉一動，都上下一心爲發展經濟而努力，他們發展各種
事業、各種計畫、各種設施，其思考技術都是用"如何發展經
濟"的模式。可以說：人類到本世紀七十年代爲止，凡是思考問
題，都離不開如何發展經濟的問題，他們的思想方法也就是專力
於精進科技，提高生產及服務效率，促進經濟發展，這就是經濟
發展的思考模式❹。

　　不幸人類在如火如荼的追求經濟發展的結果，卻製造公害，
破壞人類的生存環境。最令人矚目的公害與環境破壞有下列各
項：

1.空氣污染。

2.水源污染。

3.噪音。

4.放射線污染。

5.熱污染。

6.食物污染。

7.濫用農藥。

8.景觀破壞。

9.土壤土地破壞。

10.都市擴張與人口密集。

11.人口膨脹。

12.能源危機。

13.都市生活的人性畸型化❺ 。

上列各種公害在現代化進展中的國度裏發生，並向全地球擴散，且具有下列特徵：

第一、現代公害不是偶發的，而是與現代生活並行，例如工廠不能停止，汽車不能停開。

第二、人類製造的公害，已超過自然淨化的能力，而且還不斷加重自然淨化的負荷力，使自然的淨化力逐漸趨於無效。

第三、現代公害的被害領域擴大，由局部而全區、全島、全國，擴大及於鄰國。

第四、 現代公害亦有向國外輸出的趨勢 。 這要從兩方面來說，一是已在國內發生的公害工業移往國外設廠；另一種是隨著經濟體制的國際化，國外連鎖設廠，而將公害輸出❻ 。

由於現代公害具有上列四種特徵，引起各國的不安，聯合國爰於1972年在瑞典首都史多哥爾模 (STOCKHOLM)召開 "人類環境會議 (The United Nations Conference on The Human Environment on 6 June 1972)，討論防止公害問題，發表 "人類環境宣言" (Declaration on the Human Environment)，對

環境保護問題，提示下列重大警告：

> 吾人在歷史上已走到轉變的頂點。今日在世界上的任何地
> 方，人類自己所作所為，對環境發生的影響，必須從今起
> 更加一層謹慎與自制。倘若再繼續對環境不關心，或無知
> 的破壞，則吾人會將人類賴以生存享福的基地——地球環
> 境予以自毀，其造成之傷害是無法挽救回復的❼。

宣言中並要求各國政府應將環境保護與回復問題，列為國家施政
政策中的最優先義務。我們回顧產業革命以來至今不過二百年。
在整個進化史上二百年只不過是一剎那而已。人類萬萬沒有想到
在一剎那之間，為追求經濟發展，已將自己賴以生存享福的基地
弄得近於破滅的地步。而且人類生存的地球只有一個，是沒有另
一個星球可替換的。1920年代人類存在的大問題是軍事擴張，為
防止戰爭，成立國際聯盟，將裁軍問題作為國際共同努力標的，
半世紀後聯合國以環境保護問題作為國際共同努力標的。此一環
境保護的國際會議，與五十年前防止軍事擴張的國際會議，在歷
史上的意義是同等的重要。現代人類已意識到自然環境保護比消
除貧窮、防止戰爭、實施民主問題更為重要。❽

生態學的思考技術

　　由於聯合國對環境保護問題的重視，七十年代以還人類思想
重心已由“經濟發展”一變而轉為“注重生態”，國家的施政，
教育的推展，社會的活動，技術的開發，都改變思考模式，並先
從生態學的原理來考量。

　　所謂生態學（Ecology）原是一門研究生物與環境間相關關係

的科學，也是生物學的主要分科之一。這門科學已往只有研究生
物學的人才會注意它，但近年來由於公害發生，人們注意到環境
保護的重要性，因此引起很多人對生態學的興趣與關心。生態學
最早是由德國的生物學家赫克爾（Ernst Haeckel 1869）提出，
他當時對生態學命名爲：“oekologie”並將生態學予以下列之
定義：

　　生態學乃是討論生物與環境及共同生活的各個體間的種種
　　關係的科學。❾

“oekologie”一詞係由希臘文的 “oikos” 及 “logos” 組成，“oikos”
本意爲 “房子” 或 “居處” 或 “家務”，可以用“Eco”表示，而
“Logos” 是表示學科及論述之意，後來演變成爲 “Ecology” 並
被解釋爲 “研究生物與其環境間關係的科學”。

　　爲使讀者明瞭生物與環境間關係的科學，在此引述三段故事
（也是一個重要的哲理）供爲參考：

　　㈠達爾文在所著 “種的源起” 一書曾記述下列一段話：“在
英國的牧草地上是長滿紅指甲花草，紅指甲花的胎盤長在深底的
花托，能夠使紅指甲花受粉而繁殖的，只有一種舌根最長的圓花
蜂，而英國正是圓花蜂最多的地方，所以紅指甲花會在英國繁
殖，圓花蜂的天敵是野鼠，野鼠專吃圓花蜂巢裏的幼蟲，但是在
牧草地周圍的人家爲防止野鼠侵入住宅，養了許多貓，捕殺了野
鼠。”

　　㈡赫胥黎則更引述達爾文的話，向前推論說道：“吃紅指甲
花草是英國的肉牛，由於英國的牛吃紅指甲花這種草，所以長得
特別肥大，生產優良的牛肉，而英國的海軍吃了這些優良的牛

肉，所以精力充沛，活躍於七海，雄霸世界，這都是由於捕殺野
鼠的英國貓的功勞"。

　　㈢日本戰後從廢墟中重振，挾著科技，發展經濟大國，在熊
本縣水俁市一帶的海岸，由於工廠大量排放廢水倒入海裏，有毒
的工業廢水中含有水銀滓的鹽化水銀毒素，濃縮於魚貝類等生物
體內，沿海居民，吃下了含有水銀毒素的魚貝類等食物，中毒者
達 2,800多人，引發震驚世界的水俁病例，公認其為發展經濟的
罪過。

哲學範疇的生態學

　　上述達爾文、赫胥黎等有趣的關係論，正與今日生態學的哲
理有關。達爾文、赫胥黎都不是生態學家，沒有深切探討生物間
及生物與環境間的關係，今日生態學家則以科學方法實驗觀察證
明這些生物間與環境間的種種關係的原理，並依據其所發現的原
理，引導人類注意維護生存的環境。生態學於本世紀的前半世紀
內急劇發展，它發現的問題甚至牽涉到宇宙的組織，所以有一部
分已不純粹是科學的領域，而近於哲學的範疇❿ 。

　　目前自純理生態學至應用生態學，類目完備。純理生態學研
究的範圍有個體生態學 （outecology） 探討單獨生物體與環境因
子間之關係，主要在討論環境因子對生物個體的影響以及個體生
物對環境的需要與反應 ， 除研究個體生物的生活史等生態現象
外，並研究某種環境因子對於某種生物的型態、生理以及心理的
影響與生物個體對各種環境的適應 。 羣體生態學 (Synecology)
是研究某一種環境 內同種或異 種的生物羣體 與環境間的相互關

係。羣體生態學又包括族羣生態學 (population ecology) 及羣聚生態學(community ecology)。再者從生物的領域發展普通生態學、動物生態學、植物生態學。從環境的條件發展出水域生態學 (aquatic ecology)，陸地生態學 (terrestrial ecology)。阿波羅計畫引起太空基地的生態學研究，推論到整個地球的自然環境與太空基地一樣，認爲地球是個有限環境的生態系(ecosystem)。又從寄生的觀念發展出微生態學 (Microecology)，討論人類在整個地球自然環境中的寄生現象。至於應用生態學方面則應用到農藝、林業、漁業、野生物、礦藏等自然資源的保育、管理及防止公害、放射線和太空旅行等項而發展出古生態學 (poleo-ecology)、農業生態學、林業生態學、野生物管理 (wild life management)、污染生物學 (pollution and biology)、放射線生態學 (Radiation ecology)、太空旅行生態學 (Ecology of space travel)、自然資源保育學 (Canservation of Natural Resources) 及人類生態學 (Human ecology)、環境科學等，可以說理論與實用都兼備。

生態學對人類智慧的啓示

生態學在如此多元的發展之下，究竟給人類提示什麼樣的智慧，又何以造成生態學的思考時代，這是值得瞭解的，爲探索此一問題，吾人可從下列的啓示，得知其更概：

㈠生態學提示人類的第一項智慧卽是告訴我們：人類是生存在一艘太空船上。人類在地球上已經居住上百萬年，但到阿波羅計畫等科技成就之後，人類從外太空往地球下看，才發現地球上

的人類和太空人一樣，是生活在一艘太空船上。也認清了人類賴以生存的地球，跟太空基地一樣，是個有限的生態系(A limited ecosystem)，得到外來的能源——如陽光、輻射能等才活動生息，在宇宙間運行。地球上的自然界每一個組件相互依賴生存，如植物因有土壤、水份、空氣再藉陽光而進行光合作用製造有機物質——花葉果實，動物（包括人類）靠植物提供的養分而生存，動物的排洩物與屍體以及植物的枯枝落葉，則靠細菌微生物把它分解變成植物的養分，這樣自然界就有生產者（植物）→消費者（吃植物的動物）→分解者（細菌）的相互作用，而循環不息，成為一個生態系(Ecosystem)。這個生態系有陽光、空氣、水、土壤、細菌、昆蟲、植物、動物、人類，從事物質的循環、儲存、分解、轉化、吸收、消耗、生產，達到平衡狀態。它的現象與太空基地的模式一樣，如果人類以想像力從單純的呼吸來想一想太空飛船上多少植物吐出來的氧才能供應一個人的需要，又人類呼出的二氧化碳需要多少植物來吸收固定，從這個簡單的現象出發，想像人類生存的條件與環境間的共生共存的複雜關係，也就不難理解保護自然環境使其生態平衡的重要性。

　　㈡生態學提示人類的第二項智慧即糾正人類過去一直認為天然資源取之不盡用之不竭的錯誤觀念。因為地球本身像一艘太空飛行船是封閉的系統，地球上物質的生產分解轉化吸收循環，其過程非常的緩慢，致使人類過去以為開採地球上的資源可以取之不盡，用之不竭。但事實不然，地球上任何物質的循環，其質量不變，且人類以科學方法生產或開採一種物質時，必然消費另一種能源，它的輸出正等於輸入，自然界必定給你記下正確的帳

目，在大自然的帳目中，一加一減，其質量總是不會變多也不會變少，所以今日人類為求生活舒適，所消耗的能源，必然地在某一方面有紅字的虧損，能源的危機終不可免。

㈢生態學對人類的第三項啓示即科技文明在地球上雖作枝枝節節的改進，但卻破壞了地球生態系的整體。自然界原為一個有機的系統，也是一個複合的整體系統(Total System)，而科技的發展則屬於次級系統 (Subsystem)，人類的文明乃是次級系統的技術改良，例如將挑抬的搬運方式改為車輛運輸系統，將採集或狩獵的食物供給方式改為農耕或畜牧的人工食物供給系統，再進一步則在農耕方面以製造化學肥料與農藥並以農機來耕耘，在畜牧方面改為人工育種，密集養殖替代粗曠養殖。次級系統的不斷改良，會帶來整體系統的損害，例如農藥將地表的微生物全部殺光，就會破壞生態系的平衡。

㈣生態學對人類的第四個啓示即告訴人類破壞自然生態則自然界必然給人類不良報應。自然系統因有自動調理機制與遲延回路，不容易破壞，所以人類常忽視生態環境的保育問題。吾人須知構成生態系統有四個基本要素 ，即(1)非生物的環境、 (2)生產者、(3)消費者、(4)還元者。所謂非生物環境係指水、空氣、土壤等加上太陽光線。所謂生產者係指一切植物類將無機物質產為有機物質。所謂消費者係指攝食生產者所製造的有機物。消費者如一切草食動物以至肉食動物。所謂還元者係指一切微生物細菌類能將生產者的乾草枯樹或消費者排洩物、屍體等分解還元為無機物。自然界的生態系便是由無機物→生產者→有機物質→消費者→還元者 → 無機物質循環不息。 這個循環系統便是生態系的骨

架。 其中缺乏任何一項要素 ， 都會導致整個自然界的生態系崩潰，只不過自然界具有相當緩衝力，如局部的污染，自然界有淨化的能力，但若人類繼續不斷地污染破壞下去，則終有一天會達到極限。到那時候，自然生態循環四大循環要素之任何一種，無法自動調整緩衝而失去功能時，則必然會發生嚴重的問題，自然生態系是人類生命維持之重要條件，一旦發生問題，則會直接給人類惡的報應。

㈤生態學對人類的第 五項啓示卽 敎我們重估大 氣層的重要性。原來人類對於空氣並不太關心，但由於近來工業發展造成空氣污染，才引起人們注意空氣問題。生態學對於污染空氣的公害問題當然很關心 ， 不過生態學除了關心 污染空氣的公害問題之外，更進一步探索大氣層對於地球——人類居住的這艘太空飛行船的生態究竟具有多大的重要性。根據放射線生態學 (radiation ecology) 的探索，認爲大氣層具有左列重要功能：

　　1.大氣層是宇宙線放射能 的防護裝置 ： 宇宙間充滿著輻射能。因爲宇宙間的銀河系隨時隨處都會發生比氫彈爆炸力億萬倍大的爆炸而飛出高能粒子灑滿宇宙空間，成爲宇宙線。例如牡牛星座的螃蟹星雲大爆炸時的強度就有一億個以上的氫彈爆炸力，1942年發現一次銀河系星座的爆炸力在三個月內放出的輻射能，相當於太陽能的一萬八千三百年的積聚能。地球是太空中的一艘飛行船，宇宙間爆炸射出輻射能，爲什麼不會殺傷地球上的生物呢？這便是因爲地球表面有一大氣層是宇宙線放射能的安全防護裝置。太空人離開大氣層，進入太空後， 如果不穿著宇宙線防護

衣，他會被宇宙線的輻射能殺死，而人類在地球上由於大
氣層的防護作用，就不需穿著宇宙線的防護衣。

2.大氣層能防護太陽風：自太陽飛出的高能粒子羣形成太陽
風，速度約為三十級至五十級風速，溫度約為十萬度。如
此激烈的粒子羣射放於太空，飛到地球來時，被地球的磁
力線掄擋飛散，但仍有一部分粒子侵入地球，其所以不為
害地球上的生物，也是因為大氣層的保護所致。

3.大氣層能防禦紫外線：紫外線對人體為害，即人體細胞被
紫外線照射時，紫外線能分解細胞內的核酸，而失去細胞
的功能。但因大氣層中有氧氣，氧能化解紫外線為氧的
同素體 O_3。生物必須在紫外線微弱的地方才能生存，太
古時代地球表面空氣稀薄氧氣缺乏，所以只有海中才有生
物，後來大氣層厚起來，地表上才有動物，這不只是因為
動物需要吸收氧氣，同時也需要氧來化解紫外線的威脅。

4.大氣層能為地球保溫：人類已有登月球的經驗，當月球被
太陽照射的一面則呈高溫，背太陽則降低至零度以下，這
便是因為月球沒有大氣層可發生保溫的作用，近年來高度
工業化地區的氣溫與雨量常有失調的現象，推測其原因乃
是由於空氣污染。如工廠、汽車、飛機、住宅、大廈等排
出的一氧化碳亞硫酸等有毒氣體以及浮游粉塵的微粒子，
攪拌在大氣中，這種微粒子含有鐵、鈉、鉛、亞鉛等金屬
元素，在大氣中能折射陽光而減低日射量，造成地球的低
溫化，紛亂氣流，影響降雨的集散，往往形成集中的豪雨
大洪水等怪現象。原來地球的大氣層，由於受到陽光照射

的部位不同而有冷熱不同，因此熱帶的空氣溫度上升氣壓下降，寒帶氣溫下降而氣壓加大，造成大氣的流動，依賴大氣的流動，尚能調節森林地帶與大城市的空氣，但如今也正因爲大氣流動，而將大城市大工業區的污染空氣帶到全球各地，據推測工業的繼續成長，百年後，人類使用的能源，如核子動力、化學燃料等熱能將等於全球的太陽能，到那時候，原來的熱帶溫帶寒帶等天然氣候，就會被徹底擾亂，其爲害之大，是不可想像的。

㈥生態學對人類的第六項啟示即告訴我們繁榮乃是衰落的前奏。生物羣聚往往隨環境因子或時間的變遷而發生變化。凡是同一個環境內原有的生物羣聚，可作暫時或永久的消失，而由另一新羣聚所取代，此種交替的現象稱爲生態的消長 (Ecological succession)。生態消長的過程分爲先鋒期 (pioneer stages)→過渡期 (serval stages)→巔峯期 (climaxs)。生物羣聚的巔峯期即爲成長之極限，也就是最繁榮的時期。在生態學上巔峯期是成長的穩定期，過了穩定期之後，接著而來的變化便是衰落或毀滅，這是自然界生息輪轉的消長現象。舉一實例說明：例如一塊山下廢耕的水田，約可在 200 年後變成森林，其生態消長輪轉現象，最早是在水田裏長滿小草，小草長到最茂密時，會死亡，再長出較原來的小草更爲粗大的草欉，再接下去便是蘆草，接下去是矮樹林，最後大樹林。爲何一塊水田廢耕之後會如此消長演變呢？因爲生物的成長繁榮需要適當的環境，水田廢耕後泥土帶水粘性，是小草最適合的生存環境，小草長滿後土質及水分改變，土質及水分改變製造了適合大草生存的環境，小草死亡及大草成

長又製造了蘆草生長的環境，如此推移，也就是生物成長本身不
斷製造適合於另一種生物合適的環境，換言之卽製造另一種生物
繁榮的條件，於是引起變遷，而呈現消長，最後變成森林。原來
的水田，是農夫不斷地以人力維持適合於稻子生長的環境。廢耕
之後不再有人力來妨害生物的消長，於是回到自然的生態消長。
從這個廢耕水田的植物生態消長歷程，告訴我們：一個繁榮的時
代，必定製造另一個繁榮的時代環境。吾人如以極爲鉅視的眼光
來回顧三十億年的生命演進史，地球上這個生物消長的舞臺，眞
是演過無數回的生態消長名劇。魚類時代給兩棲動物製造了適合
的環境，兩棲的時代又爲爬蟲類製造適合的環境，爬蟲類時代又
爲哺乳類的時代舖路，哺乳類時代又爲人類時代舖路，生態消長
的原理是這樣，人文社會的消長也是一樣，神權時代乃爲君權時
代舖路，君權時代乃爲民權時代舖路。生態消長都由巔峯期轉向
衰落時，而且衰微的開始都發生在最繁榮的中心點，人文社會也
是這樣，羅馬帝國的衰微便是一個顯明的例子，近世文明的轉
替，則歐洲衰微美國興起，美國衰微亞洲興起，繁榮頂盛便是衰
弱的前奏。

　　㈦生態學對人類的第七項啟示卽教人懂得共生的道理。中東
一帶，有許多古代文明的遷跡被埋沒在沙漠中，生態學家斷言當
年如巴比倫的文明，不會建立在沙堆上，他們必然是把文明古都
建立在綠色的大自然中，人類羣聚成立適合於人居住的城市，最
初當然是個舒適的環境，但是那裏羣聚的人們對於自己生存的自
然環境予取予求，如過度的放牧，作不平衡的利用，而將綠色的
自然剝奪殆盡，消滅綠野，卽成沙漠，終致被沙粒埋沒。在自然

生態下，可以說沒有生物能離開其他生物而獨立生存，因為生物與生物間有共生的關係，在生物共生的關係中處於有利的方面有互利共生與片利共生兩種，互利共生係指甲種生物與乙種生物相處，互為有利。片利共生係指甲乙兩方甲方有利乙方無害（或乙方有利而甲方無害）。前面說過生態系統的要素有生產者（卽植物）消費者（卽動物）還元者（卽細菌微生物）三者，在生態系統內是共生的，不能缺少任何一種要素，也就是不能破壞任何一種關係，才能共同生存。古文明的巴比倫由於過度的放牧，就破壞了中東的綠野，所以今日生態學家非常耽心高超的生產消費科技會破壞自然環境。

　　㈧生態學對人類的第八個啟示卽警告人類要注意效率主義的陷阱。自然界本身原為一個管理極為嚴密奧妙的大機器，生產者、消費者、還元者的循環系統有自動調適的功能，彈性也很大，不易被外力破壞，而且自然的系統管理嚴密絕無浪費過度的現象。譬如人體是一個自然的系統，一個人吃下三個方糖，它產生的熱能可以燒開五○○公克的清水，如改以機器來把這個方糖產生熱能，無論如何精密製造的機器都不可能，只有在人體內經過消化作用才能發生熱能，這便是人體這個自然系統富有高功能的（高效率的）管理能力。人工系統原比自然系統的效率相差甚遠，所以人類就想利用大量的能源來提高效率，例如人看到飛鳥很便利，於是製造飛機來模仿鳥的飛行，可是它耗費的能源卻極大，如以整個的鉅視眼光來估算，人工飛行系統得來的便利與其消耗的能源相比，眞是得不償失。再看海豚在水中游行時速約為三五海浬（1852m×35knot），而最高速的潛水艇也不過時速四

十海浬。海豚游行不費多大力氣,亦卽不怎麼消費能源,而潛水
艇則需三萬馬力,要消耗約一萬輛計程車的汽油才能在水中行走
時速四十海浬。試想如此消耗能源來提高效率值得嗎?然而今天
人類正陷入效率主義的陷阱。如果今天有幾千艘潛艇在海中行走
。多少時間內就能把陸上蘊藏的汽油耗盡,又多少時間就能把海
水污染破壞,這些嚴重性的問題,至今尙無自動控制的調整機
制,大自然的系統則有自動調適的機制可以在適當時間叫停。效
率主義確是一個陷阱,也是人類的危機。㊶

處理問題的生態學思考

　　從上列所述生態學的發展與啟示各點,對於一個不是學習生
態學的人,相信也能幫助他瞭解生態學的意義。具有生態學思想
的人與缺乏生態學思想的人在處理問題的思考方法上會有顯著的
差異。茲舉一淺近的實例來說明,譬如都市規畫,如以經濟發展
的思想來設計,則認爲都市寸土寸金,最好縮小公園綠地,或公
共設施用地,移作住宅用地,以容納更多的市民,政府卽可增收
房屋稅土地稅。但若從生態學的觀點來思考,則恰巧相反,生態
學以池塘的生態來比喻都市生態,一口天然池塘內生長的魚類,
其質量係由池塘的廣度深度及水質等天然的環境條件來決定,池
塘環境好,其魚產質量高,反之則低,都市是人類羣聚而形成,
就如池塘一樣,其環境條件決定市民的質量,都市規畫應先考慮
都市的環境素質,都市內住宅用地只能佔40%,公園綠地不能少
於15%,公共設施用地也不能少於10%,交通道路用地20%,工
業及商店15%,這樣才能防止人口過度密集,防止供水不足或交

通擁擠，減少垃圾、廢水及犯罪問題，減低空氣污染及噪音等公害，充分的公園綠地與公共設施用地，使市民獲得活動空間，增進市民身心健康，都市品質提高，房地產價也隨之漲高，稅收增多而市政問題少負擔輕。倘若以寸土寸金的經濟思想來發展都市，則不重視都市環境條件，其結果都市品質低落，房地產價降低，富有人家搬出去，水準較低的市民搬進來，垃圾、下水、廢物、污染、噪音以及犯罪等問題，層出不窮，而且稅收減低，市政負擔增加，市政之困難可想而知。從巨視的眼光來看，生態學的思考，注重環境保護，最後的結果既能增進人類幸福，也能促進經濟發展。所以八十年代注重生態學的思考，也認為生態學的思考優於經濟發展的思考。關於都市與池塘的比較，參看圖1。⑫

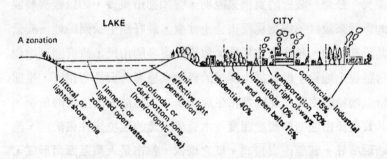

（摘自 Odum 著：Ecology, p. 40）

圖 1　池塘與都市的比較

今後教育問題的思考也一樣，能夠從生態學的觀點來思考的

教育人員，必然會逐漸增多，而且他們對於問題的思考與處理方法也必定會有異於傳統的思想。

生態學與思想革命

　　思想革命就是推翻現有的思想體系。現存的思想體系最具權威的是什麼？它是否有害？是否應予推翻？

　　現代的思想體系，不論它是資本主義這邊的或社會主義那邊的，都有一個共通的想法，那就是想利用科技來改善生產效率（包括服務效率），提高人民的所得，改善人民的生活，簡言之，即是所謂"經濟發展的思考"。共產黨本想一塊土地應屬共有，由許多共有的人來共同耕種經營，然後把收穫的產品來共享，這是共產主義的根本思考，但是倘若有一天共產黨發現共同耕耘的構想不如個人私營的生產率高，則他們一樣會修正共營的思考模式，而改爲私營的思考模式。何以故？因爲不合經濟的原理，這種發展經濟的思考模式，有力地主宰着人類的行爲模式，他們會想出另一個共產的法則，由個人私營，而把最後的總收穫，歸諸於全體的個人。不管有沒有共產黨員在爲思考模式辯證提出反對的意見，最後他們還是會認同於經濟發展的共產主義模式。至於資本主義社會，已把生產方式革命化到一個前所未有的境界，發展經濟的思考模式更是人人認同，牢不可破的中心思想了。

　　再看科技的革新，從未停止腳步，至少目前的科技革新已經達到自我調節和自動化的高峯，能夠爲一個未來沒有階級統治、剝削、勞役和沒有物慾的世界，創造了物質基礎。科技被人類認

定爲完美有效的一種工具，可以利用它來生產、發財，提高生活享受，改善人類生活 ，所以人們無不喜歡它 。假如人類也是完美、崇高、沒有物慾、自私，則科技的革命便會眞正給人類帶來幸福。不幸人類本性自私，充滿着物慾，而且在慾望的體制中訓練成長，所以當人類運用科技的神明之後，便把生產或效率發揮到極致，而不顧及環境的生態是否被破壞。

人類何以如此的自私到物慾橫流，不顧及生存的環境破壞問題，這也是因爲人類原來爲生存而長期的（也是永遠的）被物質缺乏所威脅。由於“缺乏的威脅”，一代遺傳給一代，所以自私也成爲人性的遺傳。 人類得到自私的遺傳 ，所以 “環境保護重要” 或 “發展經濟重要” 的辯論，便要等到生存的威脅高於物質缺乏的威脅時，才能被共認。如果今天環境保護的倡導者，辯論輸給了 “發展經濟” 的倡導者，那是因爲缺乏的威脅比環境破滅的威脅明顯的緣故。眾所周知經濟較爲落後的國家，總是以發展經濟爲第一優先，因爲他們面臨的是缺乏的威脅，而不是環境生態的威脅。

富裕社會犧牲環境

就像臺灣一樣，自五十年代起，夢寐以求，希望工業起飛，經濟發達，認爲這樣可以提高生活水準。四十年來，臺灣的經濟發展了，工業化也有進展，可是大多數的國民卻患着環境盲的弊病，連市公所也公然地把市民的垃圾收來倒在河裏，污染水源與海域，使市民生活環境趨於低落。

富裕的社會，繁榮的都市，是人們都追求的，臺灣四十年來的

努力，的確製造了一個繁榮富裕的社會，但繁榮富裕之後，卻未能保證市民能過幸福享樂的生活，相反地他們居住在死河的兩岸，守着臭水溝，落在充滿浮塵的城市裏呼吸污濁有毒的空氣，噪音煩囂的市集，密集連鎖的鄰舍，卻是人情淡薄，在在顯示富裕的社會裏已呈現着一片渥涅的環境。

　　人類追求不受物質的匱乏的自由，日常生活不願負勞役的重擔，他們希望在富裕之後，得到解放，企圖對自然環境和社會環境進行控制和攫取，——其結果卻是對環境的破壞，許多的書上已談過空氣和水源的污染，樹木和土壤的破壞，以及食物與飲料中的毒素，更令人恐懼的後果，就是人類為追求富裕，而將賴以生存享福的生態環境予以污染和破壞。為求獲得廉價的能源，利用核能發電，可是發電後的輻射廢料，差不多所有的生物的健康和遺傳，都會受到核廢料的輻射威脅。

　　二、三十年前如果有人說二氧化碳和熱是污染的話，一定被認為荒謬，但現在兩者都被列為將來生態不平衡的重要因素，甚至對地球能否運行下去都構成威脅。工業和住宅汽車各項燃料的使用，引致大氣中二氧化碳在一百年間增加了約二十五倍，至本世紀末可能會再倍增。廢氣量的不斷增加，妨碍地球上的熱散發，由此而來的氣溫全面上升把兩極的冰山溶化，會造成廣大沿海地區的氾濫。熱污染給湖泊、河流和河口帶來災難，主要原因是核能和火力發電排出的熱水，把水溫提升，不但破壞魚貝類的生理和繁衍活動，更因此而造成水藻的大量繁殖而嚴重破壞水域的生態。

　　從生態學的觀點看，資本主義社會的大眾不斷削弱大地維繫

高等生物的能力。這個危機也正不斷加深，空氣和水污染廣泛加劇，不可分解的廢料大量累積，食物中附帶着鉛沈澱、殺蟲劑和毒素。城市無限制的擴張，把大地變成連接着的都會地帶，擁塞、噪音和人口密集，綠地減縮。採礦、伐木、炒地皮，把大地的容貌毀損，人類生存的地球，眞是遭到前所未有的浩刧。

人類就是這樣：一面謳歌進步與繁榮，一面走近滅亡的邊緣。⑬

人類的危機與思想革命

公害的深刻化使得生態學被重視起來，有人以爲生態學乃是這次人類環境危機的救世主，不過，生態學本身卻救不了任何人，重要的是：人類會不會從生態學的觀點來思考轉變人類環境危機的問題。人類眞的走近滅絕的邊緣了嗎？是不是走到難以回頭的地步？或還有懸崖勒馬的希望呢？如果存有轉機，那麼唯一的希望，就是改變人類迄今堅持不放的發展經濟的思考技術，而徹徹底底的 轉過頭來改變 爲生態學的思考。這也就是思想的革命。

現代生態學的思想，在有關方面，要求人類從精神上或思想上起革命的作用。也要求人類轉換價值體系，更具體的說，人類如果不發起這個思考革命，則人類可能眞的不會思考生存環境的生態平衡問題，而一直走向滅絕的境界。

從生態學的觀 點來思考問題，與人類的未 來有切身的重要性，怎麼想法才是生態學的思考？怎麼看，才是生態學的看法呢？據說日本早年有一個商人彌次北，年輕時代住在江戶，那時候

自夏入秋時分，強風自海上吹來，引起滾滾風沙，彌次北的思考以爲江戶的風沙這麼大，盲人必定很多，而盲人求生的方法，一般都以彈三味線（三弦琴）走唱，求乞一點飯食或賜給一點金錢援助。所以在江戶開設調製三味線來販賣的商店一定會生意興隆。三味線（三弦琴）的胴殼需用貓的皮來做，三弦琴賣得多，貓皮的需求量也大，於是貓的命運可知，世上的貓必定被捕殺而大量減少，貓被捕殺了，老鼠就佔領天下，咬壞人們使用的衣物，人們便需要把東西收藏在牢固的箱子裏，以防止老鼠的侵害，所以箱子的市場 也會供不應求 ， 於是他的連鎖性 生意就是製箱販賣。

上述日商彌次北的思考技術，誠屬生態學的思考，他的生意也因此適當的發展。❹

日本前任首相佐籐榮作是日本近代政治史上首相在位時間最長的一位，佐籐所以能夠久任其宰相之位，主要原因在於知人善任，在人事的安排方面巧妙地消除了派閥的傾軋，這是政治生態學的重要手段，而佐籐本人並非政治生態學家，只是因爲他的人事策略符合生態學的思考。臺灣省教育廳在臺灣全省各地設置了一百多所高級中等學校，由於每一所高級中學的組織都具備生態組織，所以教育廳設置的學校，能夠獨立經營教育，不致發生管理上的問題。當時設計學校經營組織的教育行政人員並不具備生態學的知能，只是因爲高級中學的組織架構恰巧符合了生態學的原理，所以制度永遠健全有效。

臺灣地區七百多所國民中學，由於國中畢業生升高中高職五專必需經過激烈的升學考試競爭，外在的文化背景是升學主義的

環境，所以沒有一所國中不是選拔教育型的學校，這是因為臺灣
國中教育的生態環境使然，倘若一天這種教育生態環境改變，或
政府規定高中高職五專採用免試入學，改以國中評鑑的成績來決
定畢業生的人數比率，則各國中必將改變教育經營的型態。

　　教育部、省市教育廳局、縣市教育局，曾不斷地出動督學掃
蕩惡補，但惡補的風熾並不因為督學的出擊而稍作停止，反而越
查禁惡補，惡補之風越盛，其中原因不外因為惡補是教育生態環
境的產物，選拔型的教育生態環境不改變，惡補就不會一天消
緝。 1920 年代美國實施禁酒法令，酒精被認為是社會罪行的根
源，因此禁酒的運動連續了14年才在全美各州完成禁酒令，禁酒
法施行後，暴力集團(gang)隨之興起夜世界的娛樂經營，卡波納
是有名的黑社會集團盟主，擁有酒場二萬間、妓女戶三千間、賭
場三百間，年收入 1 億 1 千萬元美金，禁酒法令給黑社會帶來未
曾有的發財機會，當時禁酒運動人物的思考，正與生態學思考成
反定論（Antithese）。禁酒乃是違反生態學的主張，所以禁酒令
如果要用來防止社會的罪惡，那就會製造另一個罪惡，也就是助
長了黑社會的大發財。卡波納的巨富是禁酒令製造出來的❶。莊
子是我國歷史上最富生態學思考的思想家，他在"養生主"這一
篇文章裏提到知識是以瞭解養生的道理，也就是瞭解自然生態的
道理。瞭解養生的道理（生態學的原理──筆者附註）之後，便
應順應自然的變化，不要再追求多餘的知識，否則便是迷路了。
莊子以庖丁解牛說明順應自然的道理。莊子說：

　　　　庖丁替文惠君解剖牛，他的手脚肩膝的動作和刀子出入筋
　　　　骨縫隙的聲音，無不完美，像是古代桑林的妙舞，當庖丁

解剖完了以後，牛不知道牠已經死了。

文惠君看了大為歎服，說道：“真想不到你的技術已經到這樣的化境。”

庖丁把刀子放下來，慢慢的說到：“我解剖牛所使用的不是技術而是道。”

文惠君大為驚奇。庖丁說：“我最初解剖牛的時候，眼中看見的就是一條牛。但三年之後，我解剖的牛多了，眼中看見的便不再是一條牛，而是牛身上的筋骨脈絡的結構。從此之後，我解剖牛便用心神意會，而不用眼睛看了。”

文惠君越聽越入迷。庖丁又說道：“普通的廚子，一月要換一把刀，那是因為他又砍又割。好的廚子，一年才換一把刀，那是因為他割而不砍。我的刀用了十九年，還像剛從磨刀石上磨出來的一樣鋒利，那是因為我不割更不砍。我的刀鋒只在牛身上的筋骨縫隙遊來遊去，任意活動，所以我解剖牛的時候，牛完全沒有痛苦，牠身上的骨肉掉下來，就好像泥土從牠身上掉下來一樣，最後牛便不知道牠已死掉。”

文惠君聽了庖丁這一席話，驚訝地說道：“好極了，你的話提供了我最好的‘養生的’道理。⓰

莊子庖丁解牛是以牛身的結構比喻人世的錯綜複雜，庖丁解牛遊刃有餘，便是提示大自然生態的妙理，必至目無全牛，然後天地萬物乃豁然開解，使你無入而不自得。莊子懂得順應自然，利用自然組織與生態，這就是生態學的思考方法。

太空人乘坐太空船，從外太空回看地球，看見地球也是一艘

太空船，他們頓悟了地球上的空氣和水就和太空人所擁有的空氣和水一樣的珍貴，然而他們攝影下來觀察，地球這一艘太空船的空氣和水卻被人類自己給予污染與破壞，並且不停的污染破壞中，不像太空人那樣懂得珍惜他們存留在太空艙的空氣和水，人類的無知，和破壞自然生態的行為，經太空人獻身說法，才恍然領悟到：人類的危機來自利用科技發展經濟。挽救之道，實有賴於生態學的思考了。

生態學的思考與教育

　　教育是人類的大事，因為教育可以傳遞文化，增進人的智識能力，改變人的行為與氣質，培養人的道德，授與科學技術，發展經濟，改善生活。教育既屬人類的大事，人類的思想一旦有了革命性的轉變，則對於教育的想法作法必然也會引起變化。人類的思想如果以生態學的思考為重心，則今後的教育制度、幼兒教育、國民義務教育、科技教育、職業教育、社會教育、特殊教育、乃至公民教育、道德教育都會發生一些新的思考路線，朝向符合於生態原理的方面來思想教育的問題。本文便是基於這個想法，提出下列七個單元來研討。首先就未來的教育制度問題，從生態系的原理來看未來的教育經營，它必然會朝向開放的自由的方向努力，所以未來的教育必定會從現在的共貧共存的教育生態系統轉向共榮共存的教育生態系統。第二單元是從幼兒的生態來探討幼兒的教育問題。第三個單元是從社會環境的變遷與國民的生態成長現象來探討國民教育問題。第四個單元是從未來人類的生存環境的保護觀點來探討科技教育問題。第五個單元是從現代

人的職業生態來探討職業教育問題。第六個單元是從教育的自由
化或壓抑教育的觀點來探討階段化教育或終身化教育的問題。第
七個單元是從殘障者的生態系統來探討特殊教育問題。本文只想
做一篇導論，所以討論的重點皆以上列七項為主，至於公民教
育、道德教育、音樂教育、美術教育等等問題就留待各專門學者
去思考。

引用文獻：

① 生態學與革命思潮，MURRAY BOOKCHIN 原著，
POST-SCARCITY ANARCHISM，東南叢書出版社，
民國76年9月出版。

② 李聰明著：八十年代的思想重心——生態學的思考，載
於環境教育一書附錄，聯經出版社民國76年出版。78年
改在臺灣學生書局出版。

③ 以上資料查自世界百科全書。

④ 同②。

⑤ 同②。

⑥ 同②。

⑦ 李聰明著：環境教育第一章環境 教育的緣起意義與目
的，聯經出版社，民國76年初版。78年學生書局再版。

⑧ 同②。

⑨ 見 Eugene P. Odum 著：Ecology The Link Between
the Natural and the Social Sciences。

⑩　同②書。

⑪　同②書。

⑫　Eugene P. Odum: Ecology, p. 40。

⑬　同①書。

⑭　見十返舍一九著：東海道中文集。

⑮　立花隆著：思考の技術エコジー的發想のすすめ，日經新書，日本經濟新聞社。

⑯　莊子，養生主篇。

本　論

一 生態系統的原理與教育經營

生態系統的意義

生態系 (ecosystem)就是生態學的系統 (ecological system)最早創用這個名詞的人是英國生態學家田士禮(A. C. Tansley)。田氏於 1935 年應用這個名詞來說明"人類與自然的一體性"及"生物與環境的統一性"❹。田士禮對於他所創用的生態系一詞，未作明確的界說，經過二三十年之間，許多生態學者也相繼使用這個名詞，大家也能知道它的含義，後來美國的生態學家歐丹母 (Eugene P. Odum) 在他所著的「生態學的基本原理」一書對生態系一詞，作如下的定義：

> 某一地區的全部生物（亦即生物羣集）連同相互作用的自然環境，構成一個系統，在這個系統的主流裏，顯著地可看出它的營養構造，種的組成，以及物質循環（生物部分與非生物部分之間的物質交替），自成一個"共存系統"的單位，這個共存系統，就是生態學的系統或稱生態系。 ❷

田士禮說生態系是"人類與環境的一體性"或"生物與自然環境的統一性"。歐丹母說生態系是"生物（包括人類）與其相互作

用的自然環境共存的系統單位"。這樣說來，生態系的概念與含義已甚明確，所以生態學上出現"密西根湖的生態系"、"亞馬遜河域的生態系"，一看便知密西根湖的生態系就是密西根湖的全部生物與湖的自然環境的共存系統。同理如果社會學上出現「殘障兒童的生態系」，一看便知這是殘障兒童與社會環境的共存系統。敎育學上出現「敎育生態系統」，則一看便知是敎育體制下的敎育環境與學校、敎師、學生等的共存系統。

共貧共存的生態系統

　　生態系統有一種現象是必須維持共貧才能共存，這叫做共貧共存的生態系。舉例說明如下：

　　用圖2所示的試管，培養某一種細菌（生物）。試管內的細

　注入細菌

　營養物

圖2　細菌的培養

菌會很快的繁殖，其繁殖的現象與繁殖的時間、數量，就會像圖3所示：細菌很快地繁殖，到試管內充滿細菌時，細菌的排洩物無法消散，而生毒性，最後細菌（生物）全部死亡。

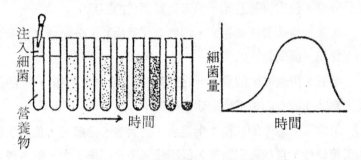

圖3　單一種類細菌的繁殖過程

　　為什麼這個試管裏的細菌繼續繁殖到相當程度後會全部死亡呢？因為這個試管內的細菌生存的環境不是生存在一個生態系統內。生物必須在生態系統內才能生存。生物生存的生態系，必須要有下列六種要素：

　　1.無機物質。

　　2.有機化合物。

　　3.日光空氣水。

　　4.生產者。

　　5.消費者。

　　6.分解者（還元者）。

而上列圖示的試管內未具備這六種條件，所以不容易形成生態系。形成生態系也有一定的過程，例如：

　　第一、在日光空氣水分土壤的物理環境裏，由生產者（卽綠色植

物）把無機物質變成有機物質，長成植物。

第二、消費者出現，專吃生產者，如動物吃植物。

第三、動物的排洩物或死屍或死的植物，由分解者（細菌）進行分解，使有機物還元，轉入物質循環的廻路。

第四、生產者（植物）、消費者（動物）、分解者（細菌）相互作用，促成物質的循環。

第五、生產者、消費者、分解者各都有無數的種，種的組成，在時間與空間裏不斷地演進變遷。

第六、生態系的制衡：生產者、消費者、分解者，依其生存的環境條件，自然衡定數量，旣不能過多也不能過少，使各種生物安定共存，而成為生態系。

生物必須在生態系統內才有生存的可能，例如圖4所示的玻璃試罐（Frasco）是放在日光照射下，使其溫度保持 24°C 的條件，罐內有營養物、有藻類（生產者）、有蟲類（消費者）、有細菌（分解者），因此這些生物在試罐內成為可生存的生態系。前面說過生物生存的生態系，必須要 1.無機物質，2.有機化合物，3.日光空氣水，4.生產者，5.消費者，6.分解者等六種要素，這個玻璃試罐裏具備了這六種因素，所以試罐的環境雖小，仍然有可能形成小小的生態系，其形成的過程也是循著上述六個自然演進變遷的生態法則（過程）。日本東北大學生物系教授栗原康曾以 5000cc 的新鮮培養液注入試驗罐裏，並移植少量的生物羣集，以螢光燈每次照射12 小時，12 小時為暗夜，維持 24°C 的溫度，換言之，卽以溫帶的氣候及人工晝夜的方法來培養試罐裏的生物，觀察試罐內各生物的演變情形，結果如圖5所示：

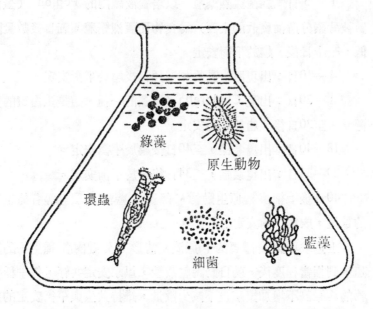

圖 4 　玻璃試罐 (Frasco) 中多種生物的生態

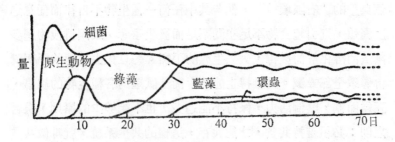

圖 5 　玻璃試罐 (Frasco) 中多種生物的生態變遷

1—5日：細菌猛烈繁殖。以培養液體內的 Peplon（蛋白質被酵素分解而腐敗的東西）為食物而猛烈繁殖。五日後數量降低，至十日後，趨於平衡安定。

4—10日：出現原生動物，至15日後趨於平衡安定。

8—30日：出現 Cholorella（綠藻的一種，這是蛋白質的資源），至30日後，趨於平衡安定。

18—40日：出現藍藻，至40日後趨於平衡安定。

29—34日：出現環蟲，至34日後趨於平衡安定。

40日後：細菌、原生動物、綠藻、藍藻、環蟲等各種生物的數量，成為平衡安定的狀態❸。

上述玻璃試驗罐裏的生態演變情形可知罐內各種生物的繁殖，到相當程度後，就自動調整數量，以求安定共存，每一種生物的族羣既不增加繁殖也不減少數量，維持共生與平衡安定的狀態。試罐內各種生物為何相互維持一定的數量，既不增加繁殖，也不減少繁殖呢？這是因為試罐內僅有 5000cc 的培養液，是一個典型的"有限環境"，倘若其中任何一種生物不自律而任意過度繁殖，則引起食物不足空間不足而發生爭奪，或因排洩物過多無法消溶化解而發毒，失去生態的平衡。一旦失去生態的平衡就會導致全部毀滅。為維持生態的平衡，試罐內各種生物的族羣，互為節制，壓制活力，保持不能過多，也不能够少的原則，換言之卽：必須維持共貧，才能共存，這樣的共生系統，就叫做共貧共存的生態系。

玻璃試罐裏的生態世界實在太小，如果把世界放大，是否一樣的還是一個共貧共存的生態系呢？首先可將試罐的倍數放大十

倍，結果環境擴大，生物的種類增多，體型也較大，仍然到達某
一程度時，卽告停止，而維持平衡安定的局面。倘若離開試罐，
到自然的沼澤或池塘，則生物生存的環境更爲擴大，種類更加複
雜，大體型的動物出現，但仍然到達一定的程度時，還是會停
止，維持平衡的共生狀態，其中道理與玻璃試驗罐裏的生態原理
完全一樣。這是共貧共存生態系的基本原理，違反這個原理，則
各族羣所構成的成員繁殖活力增強，於是在有限的環境裏競爭生
存的資源，破壞生態平衡，而趨於毀滅。所以生態學告訴我們：
同樣的族羣爲競爭同一種資源，必然引起相殘，而自行毀滅。

共榮共存的生態系統

有一個非常有趣的自然界藏在牛的胃囊裏。這個有趣的自然
界，被英國的生態學家發現，並把它稱爲共榮共存的生態系統。
（參看圖6）

牛的胃有四個胃囊，第一胃囊最大，四個胃囊共可裝 200-
300公升的溶液，相當於一個小型洗澡桶那麼大。牛吃草經咀嚼
送入第一胃，又不斷地吐出來咀嚼，這叫做反芻胃，英語稱爲
"ruman"，裏面充滿著原生動物與細菌，據調查原生動物有二十
多種，細菌類亦有十多種，計有三十多種的微生物生存在 ruman
裏面，體型最大的約有〇·五釐米大，人的肉眼可看到浮游的小
蟲。如此種類繁多的微生物在牛胃裏，與牛體成爲共存的系統。
此一複雜而安定的生態系，除了像地球上的大環境，實在難以找
到其他類似的生態系統，尤其更可貴的是牛胃裏那麼多種類的微
生物，與牛的身體構成共存的系統，牛體不斷吃草送進胃囊，提

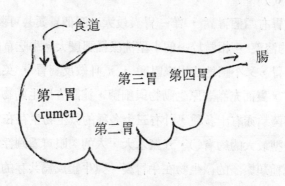

圖6　　牛胃裏的共榮共存的生態系統

供胃裏的原生動物與細菌養分，使這麼多的原生動物與細菌足以
生存繁殖，也增進牛的消化工作。多餘的原生動物則流入體內成
爲牛的蛋白質、血液，化爲牛的熱與能，無論牛胃裏的微生物如
何繁殖，如何發揮活力，也不會受到壓制，因爲牛胃裏的微生物
越繁殖，越有活力，則牛的消化力也加強，養分增多，使牛的體
力增強，牛胃裏也不會發生環境污染或破壞。這種生態就是典型
的共榮共存的生態系統。

共貧共存的教育生態系統

　　上述玻璃試驗罐內共貧共存的生態系，其生物種類與數量分
配，如以百分比表示，則如圖 7 所示；在全部生物羣集之中，細
菌約佔34％、藍藻28％、綠藻21％、原生動物10％、環蟲 7 ％。
這些生物爲維持生命，就要保持這個數量的比率，爲維持這個比
率，各族羣的生長繁殖活力就要受到壓制，以維持共貧共存的局
面。教育的系統，倘若仿照這個模式，規定全體國民受初等教育
者佔34％，受初中教育者佔28％，受高中教育者佔21％，受專科
教育者佔10％，受大學教育者佔 7 ％，那麼這個教育系統，爲維
持大學 7 ％、專科10％、高中21％、初中28％、小學34％的百分
比，就要忙著在全體國民之中選拔 7 ％的人口來授予大學教育，
選拔10％的人口來授予專科教育，選拔21％的人口來授予高中教
育，選拔28％的人口來授予初中教育……於是整個教育系統就變
成只知應付考試的（選拔教育型的）教育系統。（參看圖 8 ）

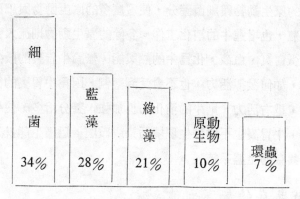

圖 7　Frasco 共貧共存生態系統的生物分配

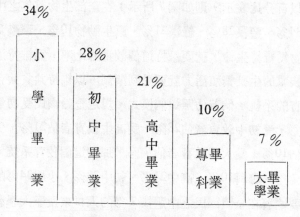

圖 8　選拔教育型教育生態系統的學生分配

　　選拔教育型的教育系統，學校教育的生態，自然變成教育學生應付升學，學生的生態也變成應付升學的考試機器。這就是所謂的升學主義教育。

升學主義教育的方法

實施升學主義教育的學校，辦教育常應用下列九種方法：

㈠實施排名次的學業競試：校內考試仿照升學考試的模式，使教師在教室裏教學不得不以教學生應付考試爲最優先。教師主動增加考試次數，把教育變成訓練學生應付考試的手段，學生怕排名次，希望得到好成績，也自然會學習應付考試的技巧。

㈡以考試代替教育：這是以考試爲中心的教育，例如有考試的科目才是重要的學科，同一考試學科也是以考試的部分才教，不考試的部分不認眞教（如英文科聽力不考就不練習）。實驗觀察不是考實驗操作而是考實驗結果，所以教學生念實驗結果，不必親手去實驗觀察。讀參考書測驗紙比讀正書易得高分，所以不讀正書，鼓勵學生讀參考書，討論教材不如背誦課文得高分，所以逼迫學生自習背書。生活教育、情操教育、美感教育、人性教育不會命題考試，所以都把它拋棄。

㈢實施惡性補習：這是爲傳授學生應付升學考試而增加授課時間，增加練習考試的次數，增加考試教材的補習，教師增加教學時間與教材，花費勞力，於是向學生收費，成爲收費補習，演變而成爲歛財的補習，留一手逼學生不得不補習。

㈣歡迎商人編印的專爲應付升學考試的參考書，以應付考試試題集或考試卷作爲地下教科書。

㈤教師實施體罰，處罰考試成績較低的學生。

㈥實施便利升學教育的能力分班。

㈦運用望子成龍的家長爲學校增援支持升學教育，對抗主管

教育行政機關的糾察。

　　㈧利用適當時機向主管教育行政機關建議放寬惡補的禁令。或建議減少考試科目，限制考試範圍，或固定命題形式，以期升學考試單純化。

　　㈨當上級主管教育行政機關派員視察學校時，命學生掩飾，收藏禁止使用的參考書測驗紙，以蒙騙上級。❺

升學主義教育的弊害

　　由於選拔教育型的學校經營，運用上列九種不合教育原理的經營方法，所以在選拔教育型的教育下必然會發生左列幾種弊害：

　　第一種弊害就是摧殘人性：由於排名次的學業競試冷酷無情，只要老師的名次低落，覺得他教的成績不如人，認為學生不用功，給他丟臉，於是藉考試分數體罰學生，發洩氣忿。考試成績低落的學生，是否因為生理狀況，或心理困擾，或家庭事故，這些影響學生成績不好的因素，教師並未能予以關心，有的學生確實極為用功，只是臨場緊張過度或考慮過多，反而考得不好，只要考試分數不合教師標準，即予體罰，這種體罰善惡不分，缺乏人性。再者，公布全校成績，印送家長，置學生自尊心於不顧，甚至辱及家長父母，孩子們回家還要受父母責罰，使成績低落的學生受盡挫折，使學生心理不能平衡，易於喪失人性，而走入歧途。競試時考試題目的命題，答案死板固定，學生的思考無論如何優異，只要不符標準答案則一概罰錯。教師與學生都不能辯解，競試不是由任課教師命題，授課教師也是處於被考驗的地

位。凡此種種不合情理違反人性教育的措施，都是由於實施排名
次的競試而來。教育的最大目的在發揚人性，不幸選拔教育型的
學校經營必需實施排名次的考試以迎合升學的需要，也正相反地
發生摧殘人性的作用。

　　第二種弊害就是戕害民族幼苗：選拔教育型的教育經營，必
需加重學生課業，不斷延長補充教學的時間，和增加考試的次
數，那種枯燥乏味的考試練習材料和反覆多次考試，耗盡學生的
精力，加以恐懼通不過考試的心理焦慮與緊張，睡眠不足、食慾
不振，青少年原有蓬勃生機、旺盛體力、豪放氣魄，經過長期間
的惡補與考試的折磨，終致青年心神耗盡，膽氣薄弱、體力疲
乏、心緒不寧，尤其自小就爲應付考試，終日埋頭閱讀參考書，
眼力減退造成近視者越來越多，戕害民族幼苗，眞是嚴重。

　　第三種弊害就是教育的偏枯與迷失方向：訓練學生應付升學
考試不是教育的根本目的。可是共貧共存的教育生態系統本身旣
然就是屬於選拔型的教育，那麼學校教育必定着重應付升學，而
放棄原來的教育目標。在各教科教材之中，只要升學考試可能考
的部分才被重視，例如國中音樂美術工藝家事體育等科不列入高
中高職入學考試科目，就不認眞上課，或移作英數理化等學科，
又如國文英文課程原應聽說讀寫各目標並重，但因升學考試不考
聽與說的能力，所以教師在課堂上課就不會重視聽與說的教學目
標，忽略聽說的態度與技巧的培養，致青少年普遍缺乏說話的能
力，英語卽使大學畢業生在校苦讀十年得過高分，仍然面對外國
人無法開口。讀書風氣方面，學校本應充實圖書館設備，提供充
足的書籍，鼓勵學生廣泛閱讀正書，但升學主義的學校則禁止學

生閱讀應付升學考試以外的書籍，以防止成績低落，圖書館也因此不大開放。自然科學方面，物理化學生物等課程有許多觀察實驗，應鼓勵學生親手去做和親身體驗，但卻由教師以口頭的說明或以參考書的標準答案代替實驗觀察。凡此情形有意犧牲不考試的課程，忽視各種教育目標的重要性，嚴重地造成教育的偏枯與荒廢。

第四種弊害就是培養投機取巧的國民：選拔教育型的學校經營是以升學教育為主，所以為博取升學率高的美名，就違反政令，支持或同意教師收費補習，採用地下教科書測驗紙，或讚成教師體罰成績低落的學生。這些違反政令的舉措，學生並非不知道，祇是知而不敢言。有時督學蒞校視察，校長與教師們在學生面前手忙腳亂地應付督學，欺騙上級，學生也都看得出來，似此教師教學生學習投機取巧，不學誠實，如此教育怎能造就剛毅誠正明廉知恥的人才？

第五種弊害就是受教育的人得不到知識訓練：升學主義教育的最大特點就是填鴨教育，由上而下的注入片斷的應付考試的知識，自小學經中學而入大學，漫長的十二年間，學生已被訓練成注入升學知識的受容器。學生每天毫無批判地接受教師的填鴨，差不多中小學所有的教室都是教師講課學生聽課抄筆記，背誦記憶考試部分的教材，這種最不合教育理論的教學模式盤據着我們整個的教育系統，把青年養成呆板無思考力判斷力的人，以致他們既不能主動作有系統的閱讀，不能主動的擬訂學習計畫或構想研究的方法，也缺乏參與研討表達完整見解的能力。大學課堂裏的青年不喜歡口頭發表意見，更少具備寫作能力，大學教授在較

具學術性的探討上，想引導學生利用各種參考資料，作較深入的
分析研討，或想鼓勵學生作繼續性的有系統的閱讀與研究，但學
生們因爲在大學以前的十二年間，已被鑄成一具被動的接受器，
有心的教授眼見青年知識能力貧乏，一時又無法重新訓練徹底改
變學生學習態度，拿一羣祇知被動塡鴨的學生沒辦法。大學生如
不能被徹底的矯正，則青年的知識訓練便一無所有，今日大學教
授遭遇極爲頭痛的困擾，就是他們對學生的知識訓練，完全要從
頭做起。大學的入學考試制度深深影響中小學走上選拔型的教
育，摧毀了青年發展知識的能力，大學教育短短四年，要從頭做
起，實有困難。一個青年缺乏知識訓練，缺乏知識發展的能力，
則其一旦離開學校，對其所擔任的工作，就會缺乏從事主動閱讀
研究發展的能力，這對整個國家來說，已失去發展的潛力，這種
損失，眞是無法估計。

　　第六種弊害就是造成國民缺乏民族精神和社會意識：升學主
義教育逼迫學生長年累月的呆坐在教室裏神情緊張地準備愈來愈
難的考試，學生除準備考試而讀書外，對週遭的事物漠不關心，
對同學、對學校、對鄰里、對他生存的社會或對國事，都不大可
能分心去關注，或去理解探討。每一個人的分數是自己的分數，
個人主義的讀書方法，爭高分出人頭地的意念，等於築起一道高
墻與周圍的人羣隔離，祇要自己得高分，別人的事可一概不管。
讀一篇民族英雄傳，不必深究那偉人的態度情感，但對於文字方
面會考的塡空選詞卻極爲關心，因情操態度的部分，在考試卷
上是不會出現的。由於聯考制度，但憑考試分數高低進入理想的
學校，一個能够升級升學的人，不必憑恃其人品道德，學生平時

既不注意社會上各種事件，不需具有愛國情操，也一樣可以升入理想的學校，如此情形自必造成國民缺乏國家意識和缺乏民族精神。

第七種弊害就是教育忽視了倫理價值：假如希望年輕的學生日後成為社會上的優秀份子，我們首先得幫助他們認識這個世界，讓他們學習做人的道理，諸如自尊、無私、友誼、愛心、誠實、信任、忍耐、利他或為共同社會利益而犧牲小我的倫理觀念，這種倫理價值也正是教育最難達成的目標。培養學生倫理價值觀念，能使青年將來面臨需要明智或成熟地判斷事物或下決心時，能做到最正確的選擇，所以培養國民高尚的倫理道德，實具有無比的重要性。可是無可諱言地，目前我們的學校太注重升學教育，升學競爭是把別人拉下來，讓自己爬上去，本質上就違反倫理道德。所以倫理教育注定失敗。

第八種弊害就是師道淪喪與教育風氣敗壞：升學主義在教育圈裏也自帶來極大的弊害，最不幸的是：經濟發展社會繁榮，國民的物質生活提高，使得待遇微薄的教師想利用他的教育職權賺取補習費，這一批違反教師倫理的自私教師，自毀師道，優良的教育風氣因此而敗壞。升學主義的學校校長同意或支持教師收費補習，教師之間便發生爭取教升學班的現象。爭不到升學班賺不到外快者，轉為討閒差，想擔任不重要的班或不重要的學科，更有的教師向外發展，搞副業，如此演變而師道蕩然，風氣敗壞，控案也多，成為教育界的不幸。❻

升學主義教育的生態

　　上列陳述 種種升學主 義下產生的 不合教育原 理的方法與弊
害，如果從生態學的觀點來看，它並不是教育的弊害，而是共貧
共存的教育生態系統的自然現象，只要一個國家的教育制度規定
若干百分比的人數受完初等教育，若干百分比的人數受完中等教
育，若干百分比的人數受完高等教育，則整個教育系統變成選拔
教育型的生態系統，選拔教育型的教育經營，一定是升學主義教
育，也一定避免不了上述的弊病，它是自然發生的也是生態的現
象。

共榮共存的教育生態系統

　　牛胃裏面的生態如前述有三十多種的生物與牛體相利共生，
構成一個共榮共存的生態系。牛一天約可吃下七〇公斤的草，終
日不斷地將草渣吞入胃囊，進行反芻後連續流入第二胃第三胃而
第四胃，大量地源源供應胃裏的細菌與微生動物的飼料，使牠繁
殖茁壯，又逐次隨着消化的草汁進入牛的胃壁腸壁，成爲牛的血
液蛋白質營養物，變成牛的血液肌肉與力量熱量的能源。牛胃不
必限制生物的繁殖茁壯 ， 但求旺盛 的細菌微生動物 爲他消化草
渣，製造營養，爲牛體吸收消化。這樣的共榮共存的生態系統實
爲理想的世界。吾人如能仿照這個共榮共存的生態系模式，來設
計教育系統，將國家當作牛體 ， 各級學校當作牛胃的囊 ， 學生
有如牛胃裏的微生物 ， 牛吃草就如同國家稅收 ， 國家辦教育的
運作，就有如牛胃的生態。培養的學生流入國家的各部門成爲建
設國家的人才，也是國家的人力資源，國家的資源越多越好，所
以學生也是越多越好，學生的素質越高越好，不必壓制他，如同

牛胃培養微生物一樣，成爲共榮共存的生態系統。

　　共榮共存的教育生態系統與共貧共存的教育生態系統最根本的差別，就是不限制幾分之幾的國民受高等教育，而是國民只要有能力有興趣有意願去受高等教育，就給他受高等教育，因爲國民受教育成爲人才是國家的資源，人才流入國家的各部門，會使國家壯大，國家的人才資源充足原本是國家力量的充實，受高等教育的國民越多，國民的素質越高，國力越強，所以國家應鼓勵國民受高等教育，不是壓制國民受高等教育。這就是共榮共存的教育生態系統的根本思想。

　　共榮共存的教育生態系統裏，既然不壓制國民受高等教育，國民可以憑興趣能力去接受高等教育，因此國民對自己人生的"進路選擇"就會覺得具有重要性，學校的輔導活動也具有實質的意義，學生是爲讀書而求學，不是爲升學而讀書，教師教學也不是爲升學而教育，因此學校裏自然會實施正常教學，升學主義的教育也自然消失，教育視導人員也就要忙着輔導學校實施新的教學方法。學生從小就能免於升學的恐懼壓力，而從事正確有效的學習，發展思考力創造力，成長以後眞正成爲國家有用之人才。

教育的生態遷演

生態遷演的意義

　　生態遷演 (ecological succssion) 的意義，可比一塊廢耕的山田在廢耕之後，經過一段長時間的變遷歷程，由小草——大草——蘆草——矮樹林——大樹林一樣。原來的水田是農夫不斷地以人力維持適合於稻子生長的環境，可是廢耕之後不再有人力來

防害生物的消長，於是回到自然界的生態變遷演化，最先是在田裏長滿小草，小草長滿後經過一段時日，便會死亡再長出比較粗壯的草叢，然後再變遷長出蘆草，再次變遷長成矮樹林，最後變成大樹林。

　　生物的生長繁榮，需要適當的環境，水田廢耕後，泥土帶水黏性，是適合生長小草的生存環境，小草長滿後，土質及水分改變，於是適合小草生存的環境消失，變成適合粗草生存的環境，這時候小草死去長出粗草，又製造蘆草生長的環境，如此推移，引起變遷，就叫做生態的遷演。教育的生態遷演也是一樣，全體國民強迫實施六年制的義務教育經過一段時間之後，便適合於實施九年制的國民教育，九年制的義務教育實施過後，便有適合於實施十二年制國民教育的環境　十二年國民教育實施一段時間之後，便要開放大學教育。

選拔教育型的生態遷演

　　共貧共存的教育生態系統與共榮共存的教育生態系統，兩者都能促進教育生態的遷移演變，造成教育的發展現象，在共貧共存的教育生態系統裏面，因為限制全體國民只能幾分之幾接受高等教育，幾分之幾受完高中教育，幾分之幾受完初中教育，所以全國教育經營忙着選拔那幾分之幾的國民。在這種教育制度下，國民受教育的機會受壓制，受教育的慾望被壓抑，必須透過競爭的考試，才能擠進高中，進了高中還要競爭考試才能擠進大學，這樣壓制，就會產生壓力與抗力。教育的壓力發生之後便會發生教育的病理。競爭失敗者，產生反抗力（如不良少年幫派形成的次級文化便是在對抗升學文化），為解除或減緩教育病理或防止

不良少年問題，所要考慮的就是解除升學壓力，開放原來的限
制，促使教育成長。例如我國延長九年國教，或日本普及的高中
教育使全民接受高中教育，也就是促成教育生態成長的現象。

開放教育型的生態遞演

在共榮共存教育別生態系統裏面，國民的教育權受保障，一
個國民只要他有能力有興趣，有經濟力去受教育，政府就要設法
使國民受教育，而不予限制，因此國民的智力學力興趣意願與經
濟力成為教育成長的基本條件。共榮共存的教育生態系統裏面沒
有升學壓力，其成長要件是國民的民智漸開、學力增高，上學的
興趣慾望增加，不是以壓力來促進成長，而是以自然力促成生長
遞移。

教育生態遞演兩類型的比較

據上所述，無論共貧共存的教育生態系統或共榮共存的教育
生態系統，都會發生教育的生態成長現象。不過由於"共貧共
存"與"共榮共存"這兩種生態系統形成的教育環境截然不同，
所以成長的生態亦有很大的差別。對這種差異性的研究，如以生
態學的方法來處理，則可從㈠學校的教育功能㈡文化環境與㈢師
生的認知傾向等三方面進行調查或觀察它的成長現象。分述如
次：

㈠從學校的教育功能來觀察：

    1.在共貧共存的教育系統裏，各學校熱衷於選拔教育型的
      教育經營，校長、主任以及所有教師每天都在教育學生
      應付升學考試，鼓勵學生升學，連同學生家長都一齊熱
      心督促孩子升學，結果培養一大批有升學能力的學生，

相互影響下，志願升學的學生越來越多，因為學校的教育功能是在培養升學能力，所以升學壓力越來越大，壓迫政府開放限制，於是促進教育成長，開放初中教育之後，接著開放高中教育，最後開放高等教育。

2.在共榮共存的教育系統裏面，學生沒有升學壓力，學校的教育功能是輔導學生依自己的潛能興趣性向認識自己發展自己，重視輔導工作，指導學生進路，使學生們認識自己，知道自己可以進一步學習什麼課程以配合社會需要。這麼一來，自然會促使學生發生升學慾望，尋找自己進路，於是促進教育的生態成長。逐漸普及中等教育，以至開放大學教育。

㈡從學校的文化特徵來觀察：

1.在共貧共存的教育生態系統裏，學校的文化表徵是考試文化，所有學生都是分數第一，各校的公布欄貼滿考試分數，考試高分的學生有進入第一志願的（理想學校）希望，於是校長主任及教師褒獎推崇愛護考試高分的學生，考試低分者，受懲罰冷落。考試競爭是青年出路希望，讀書的目的在為考試，教育的目標在教學生應付考試。由於考試次數多，練習多，於是考試能力增高，想去考試升學的人才也就愈來愈多，自然促成教育成長。

2.在共榮共存的教育生態系統裏，學校的文化表徵不重視考試，而是重視評價，鼓勵各種興趣能力，培養優良的讀書風氣，圖書館、實驗室、工藝工場，成為學生喜歡去的地方，學生主動計畫學習，教師處於輔導地位，有

發表能力、創造能力的學生，受到推崇愛護，於是團體
活動、發表會、討論會、學生都很踴躍。學生如想要有
創見、有能力，就要向上學習，學生們因此發生升學的
慾望，促進教育的成長。

㈢從教師與學生的認知取向方面來觀察：

　1.在共貧共存的教育生態系統裏，學校裏校長、主任、教
　　師及學生都認為升學才有希望，參加考試競爭，考上大
　　學就可以分配好職位，過幸福的生活，這種認知取向，
　　造成升學主義教育，也增加升學壓力，於是促進教育的
　　生態成長。

　2.在共榮共存的生態系統裏，學校的校長、主任、教師及
　　學生認為人生的選擇要依照自己的興趣能力與性向，有
　　正確的人生選擇才會過幸福美滿的生活，要過美滿幸福
　　的生活，就要發展自己潛在的能力，依照自己興趣能力
　　與需要來發展自己，結果每一個人的興趣能力被發揭出
　　來，人人發生發展的興趣與慾望，於是有上進的要求，
　　促進教育的成長。

　　依據上列分析，共貧共存的教育生態系統促成學校實施升學
主義教育，容易造成升學壓力，而促進教育成長，但它顯著的缺
點就是易於引起教育病理，違反教育原理，引導學校不正常教
學。至於共榮共存的教育生態系統則學生沒有升學壓力，可避免
升學主義的教育病理，能使教育原理在教室裏生根，促進人性自
然發展，但教育成長則比升學主義較長教育的壓力小，成長緩
慢。換言之教育越不限制，則壓力越小，成長也較慢，較為符合

自然生態。反之，教育越有限制，越是壓制國民升學，則國民升學的慾望愈高，抗力愈大，易於造成壓迫政府開放教育機會的局面。而且在壓制的期間造成的弊害（如損害國民的能力），卻無法補償。所以權衡壓制型的教育制度與開放型的教育制度，顯然不壓制國民升學優於壓制型教育。開放型的教育制度，符合共榮共存的生態原理，弊害少利益多，壓制型的教育制度符合共貧共存的生態原理，利少弊多，教育政策，如從生態學的觀點來考量，應該選擇共榮共存的教育生態系統，才能真正造福國民，發展國力。（參看表１）

表１　共貧共存的教育生態系統與共榮共存的教育生態系統之比較❼

生態系統別 內容 方法別	共貧共存的教育 生態系統	共榮共存的教育 生態系統
升學制度	1.規定國民接受各級教育的人數比率。 2.依據比率設置學校核定招生人數。 3.辦理聯合招生考試或個別招生考試的入學考試。	1.不規定國民接受各級學校教育的比率。 2.有求學意願的國民都可以嘗試學習。 3.採取申請審查入學不採競試入學。
學校經營型　　態	1.學校辦理選拔教育型的教育。 2.實施升學主義教育。	1.學校辦理開發教育型的教育。 2.沒有升學壓力學校可實施正常教學。
教師教學	1.填鴨式教學。 2.教師站在中心地位。 3.教師所學的教育原理，不能在教室裏充分使用，只有觀摩教學時表演一下。	1.啟發式教學。 2.教師站在輔導地位。 3.教師所學教育原理要切實應用於教學。

教材選編	1.教科書中心主義。 2.使用專為應付考試的參考書測驗紙。 3.限制學生閱讀禁止學生到圖書館。	1.教科書為教學活動之參考資料。 2.不採用參考書測驗紙。 3.鼓勵學生廣泛閱讀，多利用圖書館。
輔導活動	1.鼓勵學生參加競爭升學考試。 2.以模擬考試的成績指導學生升學進路。 3.不重視學生的興趣能力性向。	1.重視學生的興趣能力性向。 2.測驗學生的智力、性向、興趣，作為輔導學生依據。 3.鼓勵學生照人生的興趣找自己的出路。
考試方法	1.考試次數多。 2.分數主義。 3.舉行模擬考試。	1.實施教育評價。 2.不重視考試分數。 3.注重形成評價。
學習態度	1.被動學習。 2.爭高分爭名次。 3.個人主義的學習方法。 4.學生變成考試機器。	1.主動學習。 2.不爭分數。 3.協同學習。 4.自我研究，發表創造。
教師與學生的認知取向	1.認升學為唯一出路。 2.考上理想學校為幸福之保障。	1.發展自己興趣能力為最重要。 2.升學不是唯一的出路。
學校的文化特徵	1.考試第一、升學第一。 2.知育偏重。 3.升學主義的文化色彩濃厚。	1.五育並重。 2.不是為升學而讀書。 3.沒有升學主義色彩。

升學主義教育的病理

教育的荒廢

所謂教育的荒廢，就是在文憑主義社會裏人人重視文憑，導致中小學熱衷於升學教育，知育偏重，忽略道德教育、生活教

育、倫理教育、公民教育、人性教育等方面，致校內暴力、家庭
暴力、社會暴力之案件層出不窮，少年問題也極爲嚴重。臺灣地
區經濟發展，社會富裕，家家富足，但青少年的思想態度，做人
方法，卻與富裕的社會不相配合而發生種種問題。這種現象的發
生原因，大部分是由於學校教育未能掌握正確的教育目標，將大
部分的時間與精力耗費於 準備升學 考試的教育 ，造成該教的不
教，也就是教育荒廢的現象。

　　教育應該智育、德育、羣育、 體育、 美育各方面都一樣注
重，但因升學選拔的標準，只有重視智育一項，影響所及，變成
智育偏重的教育，德育、羣育、體育、美育有的被忽視放棄，有
的被反教育，如學業競試是個人主義的分數競爭，當然會違反羣
育、惡性補習，影響學生身心健康，違反體育，教師從事收費補
習，喪失師道倫理，美育也不過聊備一格，成爲附帶的部分。智
育偏重則荒廢德、羣、體、美四育也是自然的道理。因爲課業的
壓力，考試的壓力，師生必須將大部分的時間、精力投入於智育
方面，羣體德美四育的時間就會相對減少 ，有心兼顧 ，也難顧
得，故教育荒廢，實不得已。

　　智育偏重造成的教育荒廢頗爲廣泛而深遠，以現象學從實際
情形來覺察，連幼稚教育都已波及，例如幼稚園的兒童於學前教
育就被填鴨式教學，提前教寫字，仿照小學生一個字寫一行或二
行，以利於進小學後的考試競爭，違離了幼教的本質，以討好急
功好利的家長，幼稚教育階段 ，旣無升學壓力 ，也沒有課業要
求，不必要提前教授小學課程，但由於外在的大環境是文憑主義
的社會，使得私立幼稚園便於利用幼兒的父母心，以提前教學來

吸引學生家長。小學生方面，由於九年國教，免試分發小學畢業
生升入國中，本無升學壓力，是我國眞正能夠做到正常教學的教
育園地，就作者的觀察，確實有一部分小學教師放手實施正常教
學，可是學校裏仍然實施月考、期考，並沒拿現代化的教育評價
（Educdtional Evaluation）來配合正常教學的推行，致小學的教
室裏，仍然考試領導教學，還做不到教育理論領導教學，其中原
因最主要者，仍然是外在大環境的文憑主義社會的水土使然。加
以臺灣地區經濟發展，兒童的父母忙於 GNP 的經濟活動，與子
女疏遠，提倡節育，子女少而寶，傳統觀念的望子成龍，更注重
兒童的考試分數，所以小學的補習與參考書與未實施九年國教的
時代一樣，禁而不絕。智育偏重的現象，並不因實施九年國教而
消失，只不過比較起來，小學的教育荒廢較不嚴重而已。

　　國中的教育荒廢最爲嚴重，今天任何一所國中都受課程加深
加廣的課業壓力與升學壓力。由於升學的壓力，各校都捲入升學
競爭的漩渦。爲便於應付升學考試競爭的教學方式，最好的辦法
就是實施能力分班，犧牲低成就組的放牛班，集中力量來應付升
學考試競爭，所以學校裏的教育模式是教師教學生應付考試，學
生學考試，校長則考“考試”（考驗教師會不會教考試，考驗學
生學了多少考試題）。作者擔任教育部國民教育司第一科科長
時，負責承辦督導正常教學，每次走進一所國中，所能看到的是
考試替代教育，看不到國民教育，教育的荒廢程度令人寒心。國
中的教育措施，製造出來不少教育問題，例如：

　　㈠能力編班問題：能力編班本身不是問題，它的問題是實施
能力編組後，使用同一種教材，同一進度，同一種考卷，每班人

數也一樣多，能力高的教師教好班，能力差的教師教壞班，實施
這種能力分班，怎麼不發生問題呢？這種能力分班的理論就是升
學主義教育的原理，也是製造國民挫折和摧殘人性的可怕手段，
如此不合理性的教育措施，居然是法令允許的（作者任科長時極
力反對而加以改善），不健全的政令與不合理性的教育制度，產
生如此嚴重的教育錯誤，其製造的遺毒，將使社會治安問題層出
不窮，影響之深遠令人恐懼。

　　㈡校內暴力問題：學業競試下的校內暴力最常見的就是教師
體罰成績低落的學生，考試成績低落的學生接受教師體罰，並不
是做錯事而受罰，學生本身沒有不希望得高分的，只是因智力、
性向、興趣或其他不得意的原因而考低分，這種情形如教師不予
同情體諒，替學生適當的分數保密措施，學生的心理會發生很大
的不安，如教師在此時予學生體罰，則這種體罰，作者認為就是
教師暴力行為。教師應同情學生體諒學生的時候，不但不同情體
諒，反而予以打罵，如此教師對學生的身心的傷害至鉅，當學
生經常受這種不諒解不同情的待遇，則在他們的心靈裏便會不知
不覺間醞釀出反抗的潛意識，並轉變為殘暴的個性，遇有不快之
事，也會直覺地傾向暴力，所以校內暴力就會層出不窮。常見的
事件有：

　　1.學生之間發生爭吵，便會動武打架。打得頭破血流，問出
　　　根由，原是細故爭吵而起，如此情形，就是學生性格已有
　　　暴力傾向的症候。

　　2.強欺弱，大欺小，青少年本有赤子之心，強扶弱，大助
　　　小，是青少年的可愛處，但學校的能力編組和考試，製造

學生太多的挫折感，於是原有赤子之心也變成畸型，生活在不合理性的環境裏，養成不合理性的人格，於是大欺小強欺弱的暴力事件，逐漸多起來。

3.校內學生幫派對立和鬧毆的暴力事件，成為青少年的好玩意。

4.恐嚇勒索同學的事件越來越多。

5.破壞學校設備的事件。

6.對教師不滿而施暴力事件。

上列種種暴力事件更顯示下列幾種趨勢：

1.校內幫派與校外不良分子結合，而對校內勒索同學的案件越來越多。

2.校內暴力犯的學生都是一些成績較低落缺乏學習興趣，妨碍教師授課，不守校規，反抗師長，喜歡在同學面前示威，以挽回其學業失敗的挫折感（面子）。

3.學生幫派成員濫用迷幻藥，吸強力膠。

4.暴力傾向的學生越來越多，成為普遍的趨勢。

5.校內暴力蔓延至家庭暴力，家長父母兄姐要求讀國中的弟妹用功準備升學考試，常引起爭吵，甚至以暴力相向，常有腳踢拳打兄姐，推到老媽的舉動。

㈢拒絕上學問題：　國中生的升學壓力和課業壓力、教師壓力，造成學生對學校發生恐懼症（school phobia）而拒絕上學，常見的有：

1.頭痛：患學校恐懼症的學生，怕課業、怕考試、怕教師而頭痛的學生很多，醫師診斷，認為此類頭痛性不上學的學

生在生理上無症狀，頭痛原因係來自心理壓力。屬於假
病。

2.泄肚：由於課業壓力考試成績等引起學生焦慮不安，造成
消化不良的"拉肚子"，醫師診斷，認係學生情緒性消化
不良，也是學校恐懼症的心理病因。

3.逃學逃課：國中生遇到考試或兇的教師上課就逃課逃學。

4.在外遊蕩：學業失敗，讀書不感興趣，離家出走，到外地
遊蕩或找工作。然後有幸有不幸，後果堪憂。

㈣參加進廠實習：國民中學志願就業學生得與廠方建教合
作，安排學生進廠實習，有一部分學生心裏並不是眞正要就業，
而是家長要他升學，他不喜歡學校升學班的課業補習方式，於是
參加建教合作的進廠實習，以工廠爲避風港，暫時避一下升學的
考試壓力，等到聯考過了，他們就去報考私立學校，照樣有學校
可升學，此類學生在求學過程中增加一層就業的經驗，也許更有
助於他的向學志向，不過進廠實習，工廠的環境，究竟不比學校
單純，也有被染上惡習者。此種工廠避風港正反應出國中教育的
問題所在。

高級中等教育在我國的情形，經以考試入學的方法將國民分
出等級，給予國民在心理上有差別感，升入普通高中者有優越
感，其次是五專生，再其次是高職生。同樣是高中生，也由於聯
考的志願分發，而有第一流第二流第三流之別。美國高中還都
是綜合中學，以使青年在同一個洪爐冶鍊成爲美國公民，而我國
則採嚴格的選拔與分配，分出青年的等級，這對於社會建設，不
免發生困難。因爲多數人的挫折感與自卑感，在高中聯考、五專

聯考、職校聯考中造成，之後他們很難再擠進大學之門，文憑主
義的社會又沒有補救的方法，於是他們成爲反抗不平的一羣。普
通高中爲準備升大學而實施齊一教學，填鴨升學教材，不顧學生
興趣、性向，使學生個性喪失。由於斤斤計較分數，產生敵視有
競爭力的同學，影響羣育與人格教育失敗。高中階段的教育，原
以人生價值觀判斷力的養成爲主要目的，但由於升大學的壓力與
升大學的無選擇性，導致高中教育忽略人生價值觀形成的教育，
高中教師與學生的關係，除了上課外，少有共處的機會，生活中
顯然地師生間有疏遠的現象，致高中生的人格形成，缺乏賢能的
長輩給予薰陶的機會。升入高職的學生，有很多不合志趣，爲高
職文憑，勉強就學。據觀察近來高中高職的學生有逐漸趨於生活
崩塌的現象，最顯著的現象是喝酒、吸煙的盛行，意志薄弱缺乏
理想，對課業不感興趣，行爲幼稚，依賴性高，且常有問題行
爲，如結幫派打架滋事，甚至有性行爲、同性戀等問題。

　　大學教育的荒廢更值得討論，大學本爲學術研究的自治團
體，在教授與學生相互作用下匯成學術研究的風尙，大學極需要
特殊的學風，這種學風向是大學的特性，因爲大學原來是屬於學
者的，一羣學者構成一股學術力量，他們追求一種高深莫測的學
術，追求學術中的眞理，但是由於近代的國家，需求人材孔急，
不但由國家拿出經費，仿照行政或軍事的管理體制來辦理大學，
甚至連私立的大學也加以干涉，控制其設置院系，培養社會需要
的人材，逼使大學成爲教育的機關，每年要爲國家造就一定數量
的各種各樣人材。大學如果是屬於學者，那麼一所大學只要擁有
一流的學者，就會成爲一流大學，可是臺灣的大學由於聯考制

度，正好相反地，一流大學是擁有一流的學生。大學聯考不但影響高中教育也深刻影響大學本身的教育，學生憑分數分發學校學系，不一定符合本身的興趣，學生因而失去學習的願望，等於失去學問的自由，尤其中學階段的教育長年的接受填鴨式的被動教育，只有考試壓力下才會看書，大學教授對於大學生一時也培養不出自由學習的風氣，只好像高中生一樣，也用考試來壓迫學生求學，更因為大學生是考試畢業，而不是論文畢業，學生沒有寫論文的訓練，沒有閱讀的訓練，沒有學術訓練，這真是大學教育的荒廢。沒有一個大學生不經過課業輔導式的惡補而進入大學，這是通過考試必要的秘訣。教育的荒廢更是由是而來。

教育的病理

從現象學的眼光察覺升學主義，則會發現教育的荒廢現象，如改從社會病理的眼光來探討，則又可看出升學主義教育的病理。

教育病理的診斷

教育是否發生毛病，可從下列四個層面來診察：

㈠從教育功能來診察：教育有目的有目標，如果教育不能依據教育原理實施，照教育目的辦學以實現教育目標，則這個教育便發生問題，也就是這個教育機關失去功能。一個教育機關失去教育功能，它會呈現一些毛病，例如迎合升學主義，教學生從事升學競爭，只辦考試，不實施符合教育目標的教育評價，這種教育便是有病的教育。

㈡從教育內容來診察：教育的實施必須要有豐富而正當實用

的內容，因為教師與學生教學活動時間精力都有限，把有限的時間與精力投入正當實用的教育內容，就能達到教育目的，如果把這有限的時間與精力投入不正當的地方，如用以練習模擬考試，或以過多的考試來 消耗時間與精力 ， 這種教育便 是有毛病的教育。

㈢從教育組織來診察：教育的組件有學校、教師、學生、教材、教室、編班等，如果出現升學明星學校，升學明星班，或放牛班、就業班、地下教科書、測驗紙、惡補教師、問題學生、少年幫派，即顯示教育發生毛病。

㈣從教育機會來診察：教育機會應該均等，使有興趣、有能力的學生依其興趣能力獲得適當的教育。倘有學生拒絕上學，逃學，或參加校外補習，越區就讀明星學校、升學班、實驗班，擠私立學校或實驗學校，顯示教育機會不均等，就是教育已經發生毛病的現象。

判斷教育病理的基準

教育病的診斷需要判定的標準，其判斷基準有價值基準與統計基準兩種：

㈠價值的基準：教育有理論、理念、規範，換言之，教育應有目的或理想目標。教育實施時或實施後，發生的現象與結果，倘若與教育的理論或理念或理想目標不合，有逸脫或違反教育原理，便可判斷此種教育已經發生毛病。

㈡統計的基準：統計的結果乃是提供一個客觀的事實，譬如一般國民的視力在 0.8以下者，為視力不良，其常模人數比率為6％～12％。假設某一所國民中學學生視力測量統計結果，一年

級視力不良人數比率爲16％，二年級爲21％，三年級爲32％，則

顯示這一所國民中學學生的視力由正常的邊緣降落到不正常的

領域，一年級比率較低，二年教增加５％，三年級又增加11％。

如此一年級至三年級(16％～32％)增加16％的統計數字可證明或

診斷這一所國中的教育，令學生視力不良的人數增加，其中原因

可能課業過重，學生使用眼力過度，致視力不良人數逐年增加。

又如有一所國中三年級的學生據調查參加校外補習的學生在70％

以上，證明志願升學的學生有七成不信任學校提供的教育能保證

他們可以考上高級中等學校，這個調查統計，說明教育反常的現

象或說明一個教育的病理。

　　前述教育病理的分析可從教育功能、教育內容、教育組織與

教育機會等四個層面來分析，而今日臺灣教育的病徵發生在教育

功能方面的是升學競爭、學歷第一，學校的主要功能是教育學生

應付升學考試。發生在教育內容方面的病徵則是專注重升學考試

的教材，知育偏重，考試過多。發生在教育組織的病徵，是出現

升學實驗班，升學明星班，放牛班，牛頭班，明星學校，明星教

師，升學參考書測驗紙等。發生在教育機會方面的病徵則是參加

惡補，擠升學明星校，明星班等不正常現象。而這些病徵的發生

無一不是淵源於升學主義，所以升學主義實爲今日教育的病根。

　　升學主義的背景

　　升學主義的病理，其發生背景，源自學歷社會的文憑主義，

由於學歷第一的觀念，又發生教育即等於學歷的觀念。學校的功

能在授予學生文憑，學生也認爲上學是爲文憑，家長也認爲子女

拿到文憑就已達到受教育的目的。本來教育的目的在增進國民知

能，促進人格健全發展，培養民族精神與道德性，涵養高尚的人生觀與社會的實用性，但是由於社會體制重文憑，以致教的「目的」與「手段」顛倒，人們所需求的不是「受了什麼教育」，而是「有無大學教育」。另一個因素是父母怕子女的學歷比別人低，青年怕別人的學歷比他高，有這種學歷不安的心態，所以會擠升學的窄門。假使明知投資於學歷的回報，並不是很切實，各公司的初任者薪級並無太大的學歷差別，入廠後的升遷調薪並不以學歷為主要條件，但社會上一般人仍認為高學歷者較有升遷希望，這種學歷不安的心理，更助長升學競爭的風氣。

教育病理的因果循環

教育病症有因果兩面，一是引起病因的教育條件——這是屬於原因的，也就是俗語說的「有病的教育」，譬如說：學校為提高升學率，於是延長補習時間，增加考試次數，加深考試命題難度，實施能力分班，使用專為應付考試的參考書與測驗紙，這些違反正常教育的措施，就是教育病理，但這種病理又造成學生近視，造成學生逃學的現象。二是因為受教育而引起的病，也就是所謂的「教育病」，譬如說：考試過多課業過重引起學生視力不良，考試過深學生學習興趣減退，對學校發生恐懼症（school phobia）。能力分班，齊｜進度齊一考試，是為便於升學競爭，但製造學生心理不平，產生挫折感，發生問題行為。教育症候便是由於上述的「有病的教育」帶來種種「教育病」。它是因果相乘，惡性循環的。

教育行政機關的束手無策

臺灣地區教育發生毛病乃是有目共睹，任何人的子女在臺灣

受教育，必然無法逃避此升學壓力上的種種遭遇。除了沒有子女
或已將子女送到國外受教育的人，未能體驗這種教育病害的痛苦
外，絕大多數的人都會感到升學主義教育的問題嚴重，希望主管
教育的部門負責改進，但主管教育行政機關卻束手無策。

升學競爭的壓力病理學

壓力學說（Strees theary）與病理學

壓力學說為加拿大蒙特利奧爾大學授教漢斯謝利（Hans
Selye1907-)所創的新病理學說，自從巴斯托發現病菌以來病理學
說均以病原菌或病毒為病因。但事實上仍有一些病人生病毒並非
有病菌，譬如神經痛、氣喘、異常過敏症、自家中毒、貧血、動
脈硬化、糖尿病等，科學檢驗不出病原，謝利從情緒生理進行研
究，約在1940年，以老鼠做實驗時曾發現不同的老鼠被注射毒物
或腺的濃縮液等藥品，隔一～二日後解剖觀察，其副腎、胸腺、
胃都有相同的反應。卽：(1)副腎比平常脹大二倍，並呈現黃色或
茶色；(2)胸腺逐漸緊縮；(3)胃內壁出血多潰瘍處。再以同一老鼠
注射不同的毒物，這些注射進去的化學構造雖不相同，但觀察其
反應卻相同。為什麼注射不同的藥品會引起相同的反應呢？倘若
這個反應是動物被外界傷害引起的共同性反應現象，則其他各種
強烈刺激也會引起相同的反應，謝利為證實這個假設，就改變實
驗方法，這次不用注射藥品的刺激，而改用在一定時間內予以很
冷、很熱的刺激，或予以過度的筋力運動，或予驚嚇、或予斷食
等刺激，再解剖觀察，結果一樣有副腎脹大、胸腺緊縮和胃壁出
血等現象。謝利認為動物受到外來的強烈刺激，如注射毒物、或

予緊張過度等， 就是傷害刺激， 並把這 種傷害刺激 叫做壓力 (strees)。 倘若動物予以幾個星期的繼續傷害刺激（不超過致死的程度），則該動物最初幾小時內的反應是在衝擊狀態下呈現震盪反應，接著幾天內會引起全身的反應（又叫做警告反應），這時副腎脹大二倍， 胸腺緊縮、 胃壁出血， 生及及性機能即告停止，經過多天強烈傷害刺激沒有死亡者，其副腎、胸腺慢慢恢復到正常，體內的糖與鹽也會增加到正常程度，這種情形叫做 "抵抗期"。抵抗期是動物對同一種有害刺激發生適應力，倡若這時候另一種傷害刺激， 則會使之致死。 這是因為同一傷害刺激，雖然能增加動物適應的抵抗力， 但傷害刺激不減， 動物的身體為抵抗傷害刺激必引起身體衰弱發生許多故障，如改換另一種傷害刺激， 則防禦力崩潰， 而死亡。動物抵抗傷害刺激一久，最後階段便是 "疲勞期" ，到了 "疲勞期" 就已衰弱老竭。動物受長期的傷害刺激，而有 "反應期"、 "抵抗期"、 "疲勞期"， 這種傷害 刺激與反應 的全 部歷程， 就叫做 "適應症候羣" (Adaptation Syndrome)❸。

　　傷害刺激的實驗結果，給人類找出慢性病的原因，因為在有害刺激下，人的腦下垂體前葉受刺激而分泌 ACTH 的賀爾蒙，接著引起副腎皮質的作用分泌可體松 (Cortisone) 滲入身體全部器官， 使身體的全部引起變化， 所以有害刺激如長期間反復存在，則必引起症候，這種疾病是肉體與精神的適應不調引起的，從這個新的觀點給醫學思想帶來突破性的研究，而引發身心相關的生理與病理方面的熱烈探討，並有輝煌的成果。

升學壓力帶給青少年有害刺激

國中學生拒絕上學對學校發生恐懼症 (School phobia)而有頭痛、泄肚的病症。這種情形，據中國時報七十二年一月十二日副刊有文榮光醫師撰的 "可憐的國三學生" 一文，全文寫著： "這是一個眞實的個案，主角是我門診的常客。在我看過的精神病患當中，他的故事最令我難以釋懷。他是個國三學生，毛病只是所謂‘緊張性頭痛’。他來門診的目的只是談談話，然後領取一些神經肌肉鬆弛劑。藥物很有效，但只是治標而已。治本呢？莫法度！因爲，病根並不在他身上，而是在我們的社會，就是升學主義。小弟每次來到我面前，總是一臉倦怠，睡眼惺忪的樣子。時間大多在晚上七點半左右，他剛放學回家，還來不及換衣服、吃飯洗澡，時間對他來說太寶貴了。看完病他必須趕回家，吃過飯，隨卽睡到十點左右，然後挑燈夜戰到半夜，再睡到早晨五、六點，然後又開始另一個緊張痛苦的日子。從早上七點到晚上七點，幾乎可以說沒有‘自由’活動的時刻。第一節就是考試；下課十分鐘，有五分鐘是小考。中午只有二十分鐘吃飯的‘自由’另二十分鐘照規定睡午覺。考試是緊張的主要原因，幾乎從早到晚都有考試，大大小小的考試數不完。緊張的增強劑是什麼？就是體罰──通常是打手心。這位小弟弟挨打的機會率很高，因爲及格的分數是九十，少一分就罰一記。有一天看到他伸出的手掌，右手姆指根部有瘀血腫起現象，實在令人心痛。每次看到小弟萎靡不振、有氣無力的樣子，我就勸他放鬆一些，晚上多睡一點。他說不行，因爲明天要考試（卽使元旦假期也如此）。我望望他的父親，每次他總是苦笑，我也只好苦笑。似乎一切盡在不言中……。" 這篇文章說明我們目前升學壓力下的教育環境，與

升學競爭給予青少年的有害刺激及學生的適應症候。這就是當前我國的教育生態環境寫實故事。

　　過度激烈的升學考試準備，就像過度激烈練習運動的選手一樣，易於招致病害。長期的升學壓力，使學生在精神方面緊張、焦慮、恐懼、枯燥、煩悶、苦惱，引起神經衰弱，食慾減退、精神萎靡。在身體方面缺乏戶外運動，過度用眼力，體能缺乏訓練，體質減弱，影響國民身心健康，缺乏樂觀進取冒險精神，同時導致國民心神耗盡，思力不敏捷，反應遲緩，創意與膽氣薄弱。生態學是研究生物與其生存環境的關係的科學，當教育環境對受教育者產生不良的後果（戕害受教育的人），則人類對這種教育環境究竟應採適應環境的態度，或採取改變環境的態度呢？生態學對自然環境的維護，發展出來環境科學，基本態度仍在改變環境，至於人為的教育環境（教育制度），有了弊害，不但影響生態，也違反教育原理，生態學者當然要主張應徹底改變，使之成為健康的（健全的）教育制度。

文化人類學對大學聯考的看法

通過儀式的大學聯考

通過禮儀的意義

　　荷蘭系德國民族學者阿爾諾凡吉納普 (A. Van Cenep) 於 1909 年發表"通過禮儀"一書，給文化人類學建立"通過儀式"的概念。❾人自誕生而童年、少年、青年、老年，有幾個明顯階段，當一個人通過人生的某一個階段時，予以慶祝或考驗儀

式，這種慶祝或考驗的儀式，卽文化人類學上所謂的通過禮儀。
日本目前還定一月十五日爲國定假日作爲慶祝二十歲之青年男女
成人的“成人日”。非洲的馬賽族尙有鬪獅的考驗作爲成人的通
過儀式，或其他非洲土人常見的“割禮”。北美洲土人賀比族的
成人禮還要受神巫的鞭打等。

通過禮儀的變遷

通過禮儀的主要形式，在慶祝誕生方面有滿月、週歲、命名
儀式等。幼年期至少年期的慶祝儀式有五歲、十歲、女子有月經
祝。成年方面有成人儀式成女儀式或入社儀式（initiation）等。
結婚儀式方面，有的民族以結婚日舉行儀式，有的民族以產下第
一個子女時才舉行慶祝儀式。老死方面也有還曆、大壽之慶祝儀
式等，死亡有昇天或歸還神明境界的慶祝儀式，都有不同的文化
背景，而定不同方式的祝賀禮儀。文化人類學認爲人的一生有通
過禮儀的文化形式，意味著人生從幼稚而成熟，藉通過禮儀授予
資格，表示他的升級已經通過。這種儀式，越是原始未開化的（文
化次級）社會，越是重視。如前述非洲土人的“割禮⑨”、“鬪
獅”、北美洲賀比族的神巫鞭打。我國目前社會上已看不到成人
儀式之類的通過禮儀，但這種通過儀式，旣然具有通過資格的意
義，在文化人類的生活中是不會消聲匿跡的，它必然會轉移到另
一種文化的形式上去表示，例如教育發達，學校的入學儀式、畢
業儀式便是隆重的通過禮儀。

大學聯考代替通過儀式的考驗。

暫以日本爲例，日本的文化人類學者認爲日本現行的大學入
學統一考試，對青年人的考驗，正是替代舊式的成人通過儀式的

考驗。日本青少年自十三歲進入初中起就要爲大學入學考試而準
備，他們希望先考上較有名的高中，然後順利的考上大學，到十
八歲高中畢業參加聯考的一戰，可以說就是通過成人儀式的最嚴
格的考驗。通不過者成爲浪人（落第生失學者），參加補習，準
備來年再試，直到通過大學考試爲止。日本大學入學統一考試有
一種角色分配的功能　(Function of the Role-allcation) ❿ 。利
用大學聯考來促使青少年做一段長期準備，凡是想進入大學以便
日後在社會上分配到一份較好的職業，必須在小學、初中、高中
這一段漫長的時間裏做充分的準備。

　　教育人類學不贊同目前大學入試的競爭考驗模式。

　　就日本來說，日本教育學者多數重視人性形成的教育目的，
可是志願升大學的青年，不是準備充實就能達到目的，而是以強
烈的競爭，把別人拉下來，讓自己爬上去，這種競爭並不是憑個
人的創造力或知性發展而得，更不是以優良的人性及高尙的情操
表現而出頭，他只是記憶補習高中的敎材，來適應大學選拔，這
樣的通過考驗，對日本的文化發展缺乏積極的作用，所以教育人
類學者，以及許多教育學者都不表贊同。

　　保護社會的通過儀式與競爭社會的通過儀式

　　青少年花費漫長時間過與多的精力通過大學教育，這對於今
日複雜化高度化的社會來說，是需要的。未成人的青少年要通過
成人的大關，確實需要一番的磨練，使其性情與能力趨於成熟，
以便應付成人生活的需要。不過日本的青少年在進入大學之前，
在重重的升學壓力下接受嚴格的磨練，施予過重過多的課業，且
重偏於知育，等到進入大學，等於通過成人考養大關，大學生活

不再有壓力，到畢業平安地走出校門，進入大公司工作，投身於
會社內的團體，缺乏個人能力表現機會，個人如有卓越表現，也
溶入團體業績裏面。在進大學之前，個人埋頭讀書求勝利的作
風，在社會上不再有用，所以文化人類學家認為日本的大學入
試，是典型的通過儀式。通過大學聯考擠進東京大學的學生，畢
業後自然就有東大先輩替他安排出路，進入公司領終身俸，有大
團體保護傘罩住他，這是進入大學的成果，所以大學的通過禮儀
非常的重要。

　　和日本相反的美國，青少年只要念完高中課程就能申請進大
學，但是進入大學後不一定能畢業。日本的青年進大學後壓力減
輕，美國的青年進大學後壓力增加，要拼命用功才能畢業，畢業
後就業更要憑能力能表現有成就才能升遷，競爭壓力越來越重，
所以美國人的通過禮儀不是在進大學之前，而是在進大學之後，
直到就職後也沒有保護傘，他們的通過儀式好像放在人生的終
站，使他們終身奮鬥，永不停止。

　　為什麼日本的大學入試代替成人通過禮儀，而美國不然呢？
這是因為日本歷史上有個一段漫長的封建時代，社會上存有習於
保護的風尚，所以他們樂於塑造一個保護型的社會，美國則是拓
荒者建立的開放自由競爭型社會制度，是讓活潑有力的青年進入
大學後，再由大學施壓力讓青年用功，進入社會，又讓社會施競
爭壓力，促使成人競爭，永不保護任何人。

　　教育人類學認為大學教育極為重要，把成人的通過儀式考驗
放在大學入試，則青年們通過大學入試，進入大學之門，競爭的
壓力消失，大學的功能也減退，殊為不妥，如果把通過考驗的儀

式移到畢業考驗，則大學教育必定能大大發揮應有的功能。

　　凡是保護型的社會都有共同的傾向，要把成人的通過禮儀提前，讓青年早一點通過考驗，以便藉通過禮儀保護他。比如大學的通過禮儀，原來就應放在畢業的考驗，才算符合教育的原理，但在保護型的社會裏，教育也往往迎合社會習尚，以大學入試代替了大學教育的通過考驗。反之在競爭型社會，則社會觀念表現在合理競爭的觀點上，所以自然會把大學教育的通過考驗移後，放在大學後的考驗。再者，競爭型的社會，沒有保護觀念，所以人生的通過考驗，被放在人生的終站，由於這樣，文憑或學歷在競爭型社會裏也發生不了什麼作用。

　　總結來說，依據文化人類學的觀點，認為大學的聯考，和通過成人的考驗禮儀一樣。如果大學的考驗要使它代替人類學的通過禮儀，這是國人可接受的方法，但必須要考慮大學教育的重要功能不在聯考而在於學術訓練，如果要使考驗的功能和學術訓練的功能兼籌顧並，那麼這種通過禮儀應放在完成大學教育後，不應放在大學入學前，所以大學應改變為入學容易畢業難，才能符合文化人類學及教育人類學所強調的促進人類進化的原理。

　　人類生態學認為激烈的升學競爭戕害青少年的身心，製造“人性形成不完全”的畸形兒，產生一大羣的不良少年，這是教育制度造成的有害環境，應徹底改善。共貧共存的教育生態系統，限制大學生的人數，高中生的人數，進高中要嚴格的選拔，進大學更要統一聯考，整個教育系統為應付升學選拔而忙碌不已，成為升學主義教育，例如國中生為準備升高中，教師很早就到校為學生晨考，上課時隨堂考，課後輔導考，放學在家背誦考卷，學

生與教師早出晚歸，一天到晚練習升學考試，國中三年畢業，無論考上高中也好，考不上高中也好，所費心神與精力無數，而所得不過是一些片斷瑣碎零星的應付升高中的考試知能，眞不合算，倘若換個環境，讓國中生在共榮共存的教育生態系統裏受教育的話，就不必花費許多時間準備升學競爭考試，國中生在國中三年內可依其性向興趣能力，在教師輔導之下發展學習能力，使之有更多時間到圖書館看自己要看的書，到實驗室做實驗，到工藝工場實習，他們能定下學習計畫立定志向，養成自學能力，修習有用的課業，對他們一生有很大幫助。同樣是初中三年，由於制度不同，學生求學的方法不同，學習效果不同，這是教育環境（制度）不同，所以有不同的生態。文化生態學者，以認知動機地圖(Cognitive and motivational map)研究學校裏的教師與學生的認知動機指標，可在選拔教育型的教育環境裏，發現一條升學指標，教師在這種教育環境裏面，他們的主要使命，就是領著學生認知他們應走的路線——升學。這也是共貧共存的教育生態系統內的自然現象。它既然是自然現象，那麼要改變它，必須先改變教育的生態環境。

　　教育生態系統裏，必然地會有生態遷演 (Ecological Succ-sessing) ，在共貧共存的教育系統裏，因國民受教育的權利或教育機會受到壓制，所以大家爲爭教育機會而競爭考試，壓制的方面與被壓制的方面都增長壓力，學生家長要求學校教考試，學生學考試，弄得所有的學生都是考場的尖兵，大家都要考，都懂得怎麼考，於是迫使壓制的一方讓步逐漸增加招生比率或延長國教年限，因此造成量的成長特別明顯。但是在共榮共存的教育生態

系統內，國民受教育的機會不受壓制，沒有爭教育機會而激烈競試的現象，因此國民關心的是受什麼教育，而不是有沒有機會受教育，在這種教育環境下的成長，質與量能夠並重。教育的生態遷演，與一般生物的生態遷演的道理一樣，好比一塊土地，還是長小草的時候，開墾起來比長蘆草的土地容易，如果長滿矮樹林則很難開墾，到了長成大樹林，則無法開墾，這是因為植物的成熟度越高抗力越強，任何生物都一樣，成熟度愈高抗力愈大，國民受教育的程度就如同生物的成熟度，全國國民只受六年制的國民教育，當然比不上九年制的國家強，大學教育開放的國家比不開放的國家強，這是生態現象，也是符合自然界的道理，所以我們要改變觀念，不要再壓制國民受教育機會，應把教育機會開放給國民，鼓勵國民多受教育，只要國民有能力受教育，無論多高的教育也要鼓勵國民去接受。

壓抑教育或開放教育

開放教育或使教育自由化，是從共貧共存的教育生態系統轉換成為共榮共存的教育生態系的關鍵。只要掌握這個關鍵，便可扭轉教育生態的環境轉換。開放教育使之自由化，是觀念問題，並不是技術問題，只要有共榮共存的教育生態觀念，認清共貧共存的教育生態系統內的症候，就會發生改變教育制度（教育環境）的觀念。有了新觀念，作法就有新方向、新作風，是很容易改變的問題。滿清末年自鴉片戰爭(1841)以後，即深感學習西方的重要，清朝的官僚並非不知道"興學育才"才是圖強振作的根本，香港、馬口割給英國、葡萄牙，當時以滿清帝國之大，為何

不敵兩個小國，我們以教育生態來分析，可以發現：滿清帝國在那個時候，文盲的比率很高。宣統元年的教育統計顯示一百人中只有1.89人受過初等教育，文盲太多，等於都是小草一樣，抗力極小，而英、葡兩國則已經實施國民教育多年，他們是近代化國家，國民等於矮樹林，抗力很強，他們的軍隊當然是近代化的軍隊，以滿清一個中古時代的政府，教育尚未開發的帝國，如何敵得過近代化的軍隊。今天教育生態學可以解釋這個道理。到了今天現代化的時代，已不是比初等教育是否普及的時代，現代化是比高等教育開放到什麼程度的時代。這一點，國人的觀念，好像還不清醒，我國國民受高等教育的比率偏低，民間團體或政治團體也沒有提出訴求，顯示國民對於開放教育的重要性認知不夠，民智未開。清朝末年的士大夫都要求滿清辦教育，以圖振作，但滿清政府不願意辦教育，其所以不辦的原因，是因為清朝的政治必須守護一個"大原則"，這個"大原則"就是入關以來皇室就以"立定八股取士，錮塞漢人"，曹混利誘，使漢人無知無覺，不知仇恨女眞，不能生驅逐韃虜之念。朝廷的滿大臣貴冑都必須守護這個"祖宗立法"，漢人官僚也不敢心生異議。到道光咸豐同治年間，這個錮塞漢人的陰謀，已成功地順化民心，數百翰林、數千進士、數萬舉人、數十萬秀才、數百萬童生，在擁護這個"大原則"，要廢科舉。辦教育，則違反這個大原則，這時候滿清貴冑大臣覺得有跨臺的危險性，爲保其安全，就極力反對，任何人倡議興學育才，都會惹來禍害。貢生、秀才、舉人、進士、翰林，以致科舉出身的官僚，也都已擁護滿清的"大原則"以保護他們的既得利益，所以對於倡議廢科舉辦教育的人，予以

譭謗排擠，因此滿人官僚與漢人官僚都不敢提倡辦教育。"大原
則"既然是保護滿清官僚和讀書人利益的法寶，誰都不敢去侵犯
它，不過一些憂心忡忡的有識之士，只好迴避，不從違反大原則
的地方著手，例如爲對付洋人，翻譯外交外電及辦外交，必須培
養外語人材，於是總理各國事務衙門奏設同文館，這個同文館不
違背"大原則"，可以辦，李鴻章也跟著奏設廣方言館，曾國藩
看到這兩個外語學校准設了，　也就在江南製　造廠內附設船政學
堂，左宗棠也跟著在福建馬尾輪船廠附設輪船講習所，李鴨章又
在江南製造局附設機器學堂⋯⋯接著電報學堂、水師學堂、武備
學堂、礦務學堂、工程學堂等等都比照創設起來，這些學堂都是
枝枝節節的辦，迴避觸犯"大原則"，到康梁維新時，光緒帝應
新派臣僚之議，擬廢八股而舉行經濟特科、經濟常科、試政治法
律財政外交物理等各專門之學，以開民智而救八股愚民之害，並
籌設京師大學堂，但恭親王則屢次在慈禧太后面前強烈反對，認
爲祖宗之法不可變，光緒皇帝對恭親王說：不變法，祖宗之地都
不保，並說他如不能行新法，寧願遜位，不願做亡國之君。那時
新法雖行，京師大學堂也籌設，但不到百日卽引起政變（戊戌政
變）新派臣僚如梁啟超等人流亡，辦教育的事又拖延下來，直到
光緒二十七年（1902）十二月初一日卽八國聯軍之役辛丑和約簽
字後五個月，才下令派張百熙爲管學大臣，飭其悉心妥議學堂章
程。這樣中國近代化的教育才見起步，　可以說從鴉片戰爭失敗
(1841)就想辦教育，而拖到八國聯軍之役(1902)才決心辦起來。
清朝終於放棄"大原則"以教育代替科舉，因爲八國聯軍列強已
經以行動瓜分中國，要剪滅滿清，以拯救中國人，滿清大員心裏

想，辦敎育雖變祖法，放棄大原則有垮臺之意味，但新敎育出來
的人材，還不致於像西洋的列強要消滅滿淸，所以才開放學校之
禁令，改行興學育才的政策。淸末國力不振，他們不願興學育才
以圖振作，表面上是守舊誤國，而內在關鍵卻是政治的 “大原
則” 問題。滿淸統治中國的 “大原則” 實在就是阻碍中國圖強振
作的主因。作者在此闡述淸末敎育發展的秘史，目的在使讀者了
解中國的敎育原來是被禁錮的，（解禁之後卻費極大的力量推行
敎育），今天臺灣的敎育已普及發達，但高等敎育仍被壓制不予
開放，這是什麼原因，作者不知道，現在臺灣人有受敎育的金錢
與生活條件，不會怕沒錢上大學，政府爲什麼不發展高等敎育，
讓更多的國民接受高等敎育呢？作者過去一直以爲有政治上的顧
慮，但現在解除戒嚴、黨禁、報禁，顯然沒有什麼理由限制發展
高等敎育，唯一的因素就是觀念的守舊愚昧，或者可以說一時還
沒有想到這些。所以作者撰此文，說出這個道理，希望大家也能
從生態學的觀點來思考我們的敎育制度問題，早日實現開放敎育
的目標。

引用文獻：

① Engene P. Odum: Fundamantals of Ecology, W.
   B. Anunders Company, 1971

② 同①書。

③ 栗原康著：有限の生態學，日本岩波書店。

④ 同③書。

⑤ 李聰明著：現代學校行政──開發教育型的學校經營，第一章幼，獅書店，64年版。

⑥ 同⑤書。

⑦ 李聰明著：生態系的原理與教育經營，行政院72年度司處長科長出國進修考察心得報告，教育部73年。

⑧ Benjdmn B. Wolman: Manual of Chaild Psychopathelogy, Micgran Hill Inco, 1972

⑨ 祖父江孝男、米山俊直、野口武德：文化人類學事典，p. 203 ，通過禮儀 (Lesrites depassage) ， 株式會社ぎようせい，日本東京，昭和58年版。

⑩ 田浦武雄編著：教育人類學，福村出版，昭和60年。

二 生態學的思考與幼兒教育

本章內容係在蒙臺梭利學會的演講，由方曉梅小姐
作的紀錄。作者註。

前　言

今天我所要報告的題目是"生態學的思考與幼兒教育"。報
告這個題目以前，我必須先說明什麼是"生態學的思考"與生態
學的意義。生態學是德國生物學家赫克爾(Emst Haeckel, 1834-
1919) 所創的一門學問，他說"生態學就是研究生物與生物之間
及生物與其生存的環境之間的關係的科學"也就是研究生物的生
態與環境之間的平衡關係的學問。"生態學的思考與幼兒教育"
所要談的就是如果我們從生態學的觀點來思考，我們的幼兒教育
應有什麼樣的想法與做法才是正確的；如果我們從生態學來思考
問題，我們的幼兒教育會有什麼樣的新情況發生，會有什麼樣的
一個新領域、新見解，這是今天報告的主題。

思考技術的變遷

赫克爾於1869年創立生態學後，一直到1960年將近一個世紀
的時間裏，生態學並未十分受重視。生態學受到重視是在工業發

展以後。第二次世界大戰後，工業發展非常迅速，隨著工業發展
而來的是公害的發生，但當時人類並未感覺到公害的威脅，眞正
有一股很大的說服力是由於像阿姆斯壯等太空人登上月球後，他
們從外太空回看地球，發現地球跟他們所乘坐的太空船一樣，在
太空中也是一艘太空船，於是他們想：太空船上帶的空氣如果壞
了或沒有了，他們就無法生存，地球也是如此，如果地球上的空
氣和水壞了或是沒有了，那麼所有地球上的人類都會遭到毀滅。
這個說服力之大，是造成今天有這樣一個生態學的思考時代來臨
的主要原因。

從外太空拍攝的照片裏，很明顯地可以看出地球表面污染的
雲團、煙霧由發出的區域向外擴散，污染的海水也不斷擴散，這
警告人類不能任由公害發展下去，破壞我們的生存環境。由於這
樣的一個警告，所以聯合國於1972年在瑞典首都斯德哥爾摩召開
“人類環境會議”，會中發表了“人類環境宣言”，宣言裏警告
所有人類不能再繼續破壞自己的環境，否則“人類賴以生存、享
福的環境會被我們自毀”

在“人類環境會議”及“人類環境宣言”之下展開的聯合國
世界性運動，使得所有人類從工業革命以來，一直以發展經濟爲
思考重心的想法有了轉變。在1960到年1970以前，人類的舉動往
往著眼於改善人類的生活，或提高國民所得、提高生活層次，這
樣的思考模式，我們稱之爲“發展經濟的思考模式”。但是發展
經濟必導致公害的發生，所以在1972年以後，人類的想法有了轉
變：人類開始重視生態平衡，開始思考如何來維持人類與環境、
人類與生物、生物與環境之間的生態的平衡。從此之後，凡是議

會開會審查開山、築路、築水庫、水壩等建設時，已不再像以前
只知考慮這些建設對經濟發展是否有幫助的思考模式，現在所考
慮的是從事這些建設是否會破壞環境，影響環境與生態的平衡。
如果對環境有影響，不論他們對經濟發展有多大幫助，都要停
止，除非他們先把環境問題解決。這是 1972 年以後，人類思想
上一個很大的轉變，這個轉變就是從“發展經濟的思考”轉變爲
“生態學的思考”。

　　由於自1972年以後，人類思考的重心從發展經濟轉變爲生態
學的思考，人類文化也開始以生態學的思考爲重心。今天的報告
就是從這樣的觀點出發的。從 1972 年到現在的時間裏，人們已
趨向於想任何事都要考慮到生態學，今天我們面對幼兒教育時，
也不妨以生態學的觀點、及思考技術來想這個問題。

思考技術與幼兒教育

發展經濟的思考與幼兒教育

　　我國退出聯合國後，對聯合國的活動似乎脫了節，所以我國
直到目前，發展經濟的思考還是非常牢固。那麼，三十多年來，
我們的幼兒教育在“發展經濟的思考”模式下，是如何發展的？
第一，三、四十年來，我們國家的政策與力量的集中點是在爲反
共，因此教育的思考與作法也是以反共的教育爲重心。例如學校
教官及軍訓課程的經費，可以用來辦幼稚園，或把幼教往下延伸
一年，但政府並不考慮這樣做，像這樣的想法就是由於反攻大陸
的需要。第二，“發展經濟的思考”模式下，對幼兒教育的想法
又有不同。如果我們要發展幼兒教育，把幼稚園教育義務化，按

現行幼稚教育法，每班最多三十人，需二個老師；而按國民教育法規定，每班最多不超過五十二人，老師的編制是每三班二個老師，從經濟觀點來看，顯然辦幼稚園的投資較大。此外，如果延長高年段的教育，高年段學生一天上八節課，其中有很重要的科學課程、技術課程，這些人學成離開學校，馬上可以投入生產行列，成爲替國家賺取外匯的勞工，或是預備學術發展的優秀高中生，這樣一考量，認爲投資效益的回收是辦高年段教育大，於是就忽視了幼兒教育。

再談我們高年段的教育延長到九年也就夠了，應該可以把錢拿來辦幼兒教育了吧？但那些滿腦子經濟思考的人又會說：我們國中的師資、工藝工廠及家政教室都不够，如果有錢辦教育，應用來擴充師資及設備，把現在九年國教的國中教育辦得更好。這樣的看法，還是著眼於部分國中畢業生就要在工廠工作了，所以他們從經濟觀點來思考，又會打消注重幼兒教育的念頭。這是三、四十年來很普遍存在的狀況。

生態學的思考與幼兒教育

幼兒的生態環境與教育

如果不要滿腦子經濟的思考，如果更多的人有生態學的頭腦，我們對幼兒教育將有新的看法。

首先必須先看幼兒的生態環境是什麼樣子。我們今天要看幼兒的生態環境要從經濟發展的結果來看。我們在臺灣，經過四十年的努力，已把臺灣發展成一個富裕、繁榮的社會，人口增加，市區人口逐漸擁擠，現在住的環境多是公寓、大廈，人必須一直生活在這些建築物理，這樣的人類顯然已"畜化"了，這是一種

不和自然接觸的生態環境。經濟發展後，人類逐漸走上大都會人口集中的生活方式，但不幸我們的生態學的思考太慢，使得我們都會的品質與都市生活環境的品質相當低落，臺北的公園綠地不到百分之二，而生態學者主張人類生活的都市裏，公園綠地至少應佔百分之十五，由此可見環境品質之差距我們的幼兒的生態情形除了這樣一個住的環境外，另一個明顯的生態現象是和母親的疏離，這種情形已日漸嚴重。還有一個現象就是現代的父母不願多生小孩。很多夫婦只生一個孩子，於是孩子就像寶一樣。現在的兒童一方面是少，受到過分保護，一方面是和父母疏遠，再來就是他們和自然沒有接觸，他們和自然脫離了，這樣的成長是不自然的。

　　在這樣一個生態環境轉變的情形下，教育措施應如何因應呢？我們應針對幼兒生態環境的狀給予況補救。這個補救的方法就是把逐漸集中到都會的人，設法再疏散到都會外面去；兒童和自然接觸太少，我們應設法讓他們再跟自然接觸。所以將來幼兒的學校不要再設在都市裏，應該用車子把他們載到郊外或山上，讓他們有很多時間和自然接觸，待在都市裏只是暫時的，這就是我們根據生態學所得的一個方法。如果學校設在都市裏，我們也要儘量帶他們出去，可以早上留在學校裏，下午到郊外去，如果這樣不可行，也要一週挪出一、兩天，甚至更多天到郊外去。從生態學的觀點來看，我們一定要設法補救，否則我們的下一代，人性的成長就會不一樣了。

　　再來是解決媽媽和幼兒疏離的問題。我們雖然無法強迫媽媽一定要留在孩子身邊，但我們的親職教育要教導媽媽們盡親職，

要和兒童多親近，如果媽媽沒有時間，那麼老師就要代替母親和小孩親近，要有這樣的情感，來教、養我們的下一代。這雖然不是最好的方法，但我們同情兒童，面對今天的生態環境，我們也只能這樣做。另外，現在的孩子普遍體能不好，幼稚園的老師不要讓兒童成天坐著讀書、寫功課，應讓他們多活動，維護他們應有的體能，更要促進他們的體能，所以在教室裏可以讓他們遊戲，課餘讓他們有鍛鍊的機會，從生態學的觀點來思考，這些都是必須的。

幼兒的生態成長與教育

"生態成長"就是生態的演化、變遷的意思。我們可以用一個例子來說明生態成長的意義。

最近由於工業發展，許多山地的田廢耕了。山地開發成農田後，生態環境是被農夫控制的，但廢耕以後，又回到自然的輪廻。廢耕之初，由於土質仍是濕潤的，所以長了許多像稻子一樣的嫩草，長了很多之後死掉了，後來土質改變了，長出來的是大一點的草，這樣由小草慢慢長至大草、芒草，接下來是矮樹林，再過一段時間，矮樹林也不見了，代之而起的是矮樹、大樹參雜的樹林，然後又變成全部大樹的森林。從生態學推估，廢耕的田回到這樣的森林，大概要三百年。這個生態演變的過程中，雖然只有植物，但植物也有高低等之分，由小草逐漸往高、往好、往壯的方向進化，變成高等植物。這當中有一個很重要的原理：農夫廢耕田地到工廠作工，工廠關閉後，他又回來，如果只隔二年，他要再耕這田地很容易；如果隔了二十年，田地上都已是蘆草了，要再耕就不容易了；到了成為森林，就幾乎不可能再耕

了。這是由於抗力──低等植物和高等植物的抗力不一樣，造成這種差異。這種由低抗力到高抗力的生態成長，給我們教育生態學①一個很大的啟示，我們研究教育生態學就是根據這樣的原理，了解國力的強弱。例如清末把香港、九龍割給英國、葡萄牙二國，當時以滿清帝國之大，爲何敵不過這兩個小國？我們以教育生態學的觀點來分析，可以發現：滿清帝國在那個時候，文盲的比例很高，宣統元年的教育統計顯示：一百人中只有一點八九人受過初等教育，文盲太多，等於都是小草。而英葡二國已經實施國民教育多年，已是近代化國家，他們的軍隊當然是近代化的軍隊，以滿清一個中古時代、教育尚未開發的帝國，如何敵得過近代化的軍隊？今天教育生態學可以解釋這個道：理在小草階段（文盲）毫無抗力，但到了樹林階段高等教育，抗力極強，所以今天只要看一個國家的教育發展程度，卽可判斷其國力。

　　臺灣已近代化了，已無城鄉之別，這樣一個生態成長在人類文明中相當明顯。出國多年的人回來會發現，現在的兒童比從前聰明，這可以用生態成長的原理解釋：他們離開時的生態成長是一片幼草那個程度，回國後已是一片蘆草這個程度了，這是顯著的一個生態成長現象。

　　三十八年大陸撤退對於臺灣整個文化的生態環境起了很大的變遷。大陸撤退來臺者多是菁英份子，這些優秀的人來臺後，帶來一個人類生態環境的改變，卽是通婚。臺灣四面環海，是一個

---

①　教育生態學的意義：套上生態學的定義，可以說教育生態學的就是研究與教育有關的教育制度、教育環境、社會文化與教育制度下的學生、教師及家長等相互間關係的科學。

孤立封閉的環境，這個小環境裏面的男女大部分只能在這個小環境裏聯婚，而通婚是民族改變的一個重要因素，優秀的下一代的產生一定要有個條件，這個條件就是像三十八年這樣，大批菁英來臺後，對文化產生刺激，再加上通婚，使人類的生態環境起新的變化。

　　三十八年到四、五〇年代間是臺灣人和整個大中國三十五省人通婚、大融和的一次生態變遷。通婚下來的這一代非常的優秀，現在已是第二代了，第二代開始島內聯婚，第三代、四代下去，如果沒有改變，沒有刺激，臺灣的人種將由現在最好的狀況，越變越壞。除此之外，生態的成長變遷還有一個現象，就是變種。由於公害的影響，遺留給下一代，因而導致變種的產生。

　　在目前這樣一個具有文化刺激、文明刺激及人種改變的情形下，再加上教育的普及，我們無論大人和小孩都已經有了顯著的生態成長，而變成優秀的人口。在這樣的情形下，我們的教育措施可根據生態成長的觀點，作二點改變：

　　㈠課程材料可以加深、加廣。老師們不去要給學生機械化的教育，應讓學生思考、創造、去想、去講。教材的編排卽可根據這個原理來加深、加廣。

　　㈡教育的速度應該加快。因現在兒童的程度提高了，所以教育的年齡可以提早，只要幼兒有受教育的能力，我們就該給他們適當的教育。

　　幼兒的生態系與教育：

　　生態系的意義，可用圖來解釋。前章的圖2和圖3（見p.32 p.33）是試管中單一種細菌的增殖與死亡的情形。這樣的生態環

境並不是一個生態系，因爲它不平衡，其中只有一種細菌，細菌不斷增殖後，水中產生毒素，導致細菌全部死亡。但前章圖4（見p. 35）的情形便不同，水中一樣有營養物，放在陽光照射得到、空氣能進入的地方，生態環境在這裏面開始變遷。首先長出來的是細菌，其次是原生動物，接下來長出的是綠藻、藍藻及環蟲，其生長情形如前章的圖5（見p. 35）。到了某個階段，所有生物的生長達到一定水平，沒有增加，也沒有減少，這表示從此階段開始，各種生物維持一定數量，生態維持平衡，即成一個安定的生態系統，這就叫做「生態系」，他們生存的時間可以維持很久，不像圖2的細菌，短時間內全部死亡。

一個生態系裏一定要有細菌，細菌是還原者、分解者：也一定有植物，如綠藻，是生產者；也一定有吃綠藻的動物，如環蟲，是消費者。任何生態系要維持生態，一定要有這三種生物：生產者（植物）把地裏的無機物變爲有機物；消費者（動物）吃掉植物；分解者（細菌）在動植物死後，把有機物分解成無機物，又歸於泥土，這就是生態系。

了解生態系的意義後，再來看幼兒的生態情形。圖9是特殊兒童的生態系，他必須要跟校長、職員、輔導老師教師、社工、治療師、醫師、醫護人員、鄰居等人共生；圖裏有社區中心，有醫師、專業協助人員和聯絡員，有家族、祖父母、父母、兄弟姐妹、鄰居、學校等，我們的幼兒一定要在這樣的系統裏面才能生存，在這個生態系互動的影響下才能成長。如果都是幼兒，或幼兒離開了他的生態系，他即不能生存。

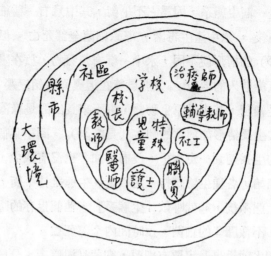

圖9　特殊兒童的生態系統

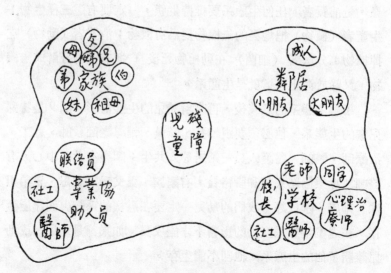

圖10　殘障兒童的生態系統

　　從生態系的理論，我們可以了解一點：幼兒必須依賴生態系共生的原理。在此情形下，教育措施應如何呢？

　　㈠幼兒的編班要依據生態系的原理，作不同的安排。現在的編班方式是把同年齡的兒童編在一班，但從生態系的原理來考量，我們也要考慮幼兒也需要和不同齡的兒童在一起，有不同的依賴、不同的刺激、不同的互動，不同的情境。所以我們編班的模式要改變，不要像目前這樣的呆板。

　　㈡現在教師的組件很硬，這也應該改變。幼兒的生態系所接觸的是多元、多面的，所以老師的組件應富於變化，可以請社會人士，如兒童的家人、鄰居或其他專家等，作個協同教學的老師，這樣可帶來新的刺激。

　　此外，雙語教學也是可行的；還有要把殘障兒童納入正常兒童的生態系裏，讓他們在同一個生態系裏成長。這是生態學所給我們的一個思考的方向。

　　幼兒的人性形成與幼兒教育：

　　二次大戰時，德國納粹，日本軍閥及義大利法西斯的反人性作爲，戰後正好提供人類一個對人性的反省機會，於是戰後對人的研究從自然人類學（研究人的自然本質）進入文化人類學（探討人性是什麼，人的本性、本質及精神本質），又演變而發展教育人類學的研究。教育人類學對人類本質的探索發現：人類文化層面的本質有智慧、有語言文字，人類能夠工作、能夠合羣、能組織一個團體；人願能夠思想、有很強的認知能力及創造性、道德性，人類另一本質即是愛美。因爲人類有這些本質，所以教育人類學就要探討：這些本質是不是我們教育所要努力的地方？我

們知道人有這些本質，教育的功能就是要發展人的本性，提高人類智慧，而非僵化頭腦，愚民的教育。

教育發展的過程中，我們發現我們的學校中有學業競試、體罰等方式，這些方式造成學生的挫折感，對人性是嚴重的摧殘。以人性有創造性的觀點來看，教育應以溝通的方式，老師要尊重學生，不應認為學生不如他。還有一個現象是文化創傷的師資。有些老師受日本教育，因小時常莫名其妙地挨打，所以把打人的習慣學來打學生；另有一些老師在抗戰時從軍，一直是蓄短髮，當老師後認為學生也該留這麼短的頭髮，所以教育部規定的髮式他不贊同，硬要學生剪掉頭髮，不認同愛美的人性。美國文化人類學的看法認為這是文化創傷的病例，這樣的師資必須經過文化的治療，才能改變過來。

以上所說的幾種現象造成我國教育的特殊環境，而又往下延伸影響到幼兒教育的方法。在幼兒的班級裏，我們也可看到體罰，還有些幼稚園仿照小學的方式，提前教學，或是讓幼兒多認字、多寫字，這種措施是一種提前作升學準備的教育，這都是幼兒教育要改進的地方。

結　　語

今後的幼兒教育個人看法認為要做到下列三點：

㈠重建新的兒童觀：兒童的生態環境已有所改變，所以我們對兒童應有新的看法。我們應根據幼兒生態成長的情形和他們生態系的現象，着眼於如何維護並促進他們人性發展的問題，這就是新的兒童觀。

　　㈡回歸幼兒敎育的主流：卽回歸眞正的幼兒敎育。今天的幼兒處於今天的生態環境裏，我們應給他們的幼兒敎育，不應再用大人的眼光和生活經驗來設計幼兒敎育。

　　㈢從頭思考，迎接二十一世紀的幼兒敎育：二十一世紀的幼兒敎育應該更具彈性。在外國有一個理論是“脫學校論”。這和“脫工業”的意義是一樣的。（資訊革命以後，許多以電腦工作的人不必打卡上下班，只要把電腦連線卽可在家工作。完成工作後，再輸入電腦。於是一天上班八小時的工業化規格起了變化——這個變化卽是“脫工業化”）。目前學校敎育太僵化了，於是“脫學校論”主張很多東西不該在敎室裏學的就該到別的地方學。敎育的彈性化、多元化卽應由此開始。

三 生態學的思考與國民教育

清末的國民教育

國民教育的界定

本文所說的國民教育是狹義的國民教育。廣義的國民教育涉及全民的終生教育，包括幼兒教育，此處不作廣泛界定，將以國民教育法所定的國民中小學教育爲討論範圍。依據國民教育法國民教育分爲國民小學與國民中學兩階段，國民小學六年，國民中學三年，合稱爲九年國民教育，本文就以此九年之教育爲討論之範圍，也就是國家依據法律強迫國民接受教育的義務教育或強迫教育而言。關於我國國民教育的發展，比起其他國家，起步很慢，這要從清末的情形說起，分述如下：

滿清帝國拒辦教育

西方國國兩百年來卽致力於國家近代化，並以推行教育爲促進近代化，奠定國家富強的基礎。鴉片戰爭以後，滿清帝國與西方國家接觸，總是節節失利，滿清政府的官僚與當時的士大夫們，日夜苦思，想要振作，抵抗列強的侵略，但他們並不想要辦教育來圖強，這是一個非常奇特的現象。教育是立國的根本，振與國家的大計必須求諸教育，但滿清政府卻拒絕辦教育。滿清政

府爲何拒絕辦教育呢？這個問題，作者的研究認爲：

> 滿滿清入關，統治中國，根本要略，在求易於統治壓迫，
> 故其祖宗立法，維持科舉，以八股取士，俾利其推行愚民
> 政策。這是異族入關，在統治上有必要的陰謀。也是滿清
> 政治上的大原則，如要滿清立學制，辦敎育、廢科舉，則
> 無異於改廢清朝祖宗的立法，逼他放棄愚民政策，接受新
> 的教育體制，這在滿人的骨子裏，覺得這樣做，滿清帝國
> 是跨臺了，這是萬萬不能行的事，所以滿清帝國拒絕辦敎
> 育。

　　道光二十一年（西元1841年）滿清與英國爲鴉片打了一場戰爭，結果大敗。鴉片戰爭失敗的根本理由是滿清的落後，清朝的政府是停留在中古時代的政府，滿清的軍隊也是中古時代的軍隊，滿清帝國的國民（包括士大夫階級在內）是中古時代的人民，以一個落後在中古時代的國家，要和近代化的英國打戰，失敗是注定的。自鴉片戰爭以後，每次和西洋列強衝突打戰或是辦外交做生意，滿清帝國總是失敗，這種失敗的現象就是："近代化的國家，打敗中古的國家"。日本原與滿清帝國一樣，但是明治維新，趕快從中古爭扎出來，他們積極辦敎育，設法脫離中古，完成近代化，於是甲午一戰，便打敗滿清帝國了。

　　當西方列強挾帝國主義向東方殖民，欺侮滿清，滿清政府的官僚士大夫階級，當然想極力反抗，但是一直未能產生反抗的實力，其中主要原因就是他們拒絕辦近代化的國民教育。下列比較表（表2）可觀察清朝國民教育起辦時間的落後情形：

表2　世界主要國家實施國民教育的起辦年代❸

國　　　　　民	年代	實施國民教育大事記
滿清　光緒27年	1902	欽定學堂章程
日本　明治5年	1872	頒訂學制
美國　麻薩諸塞州	1642	立法實施義務教育
英國	1651	設立免費學校
法國	1793	完成國民教育計畫
德國	1717	公佈義務教育制度
蘇俄	1786	公佈國民學校校法

作者按：1841年鴉片戰爭爆發，滿清已觀察英國的商船
商人，並與英國的外交官有所接觸多年，林則
徐上書道光皇席有“鴉片不禁，將無可練之
兵，國無可用之財”等語，可見英國人在滿清
帝國的疆域裏來去自如經商販買已經很久了。
至於日本則到1853年（比滿清慢12年）美國海
軍柏里提督率艦航訪日本浦賀港，才與西方開
始接觸，後卽於1871年設立文部省，1872年頒
訂學制，實施國民教育，而滿清國民教育則拖
延至1902年才開始，剛好比日本慢30年，1894
年中日甲午戰爭，滿清戰敗，算起來正是日本
實施國民教育22年後的事。22年的國民教育，

使得日本有近代化的軍隊，近代化的政府，近
代化的國民，而滿清帝國還是停留在中古時
代，所以被日本打敗了。

國民教育制度不建立，則國民都是文盲無知，無論做什麼事
都不如受過教育的人。滿清帝國的人民受初等教育的情形，依宣
統元年全國初等教育統計 學校數為51,678所學生數為1,532,746
人❷。作者按：民初中國人口有四萬萬五千萬之說，如當時中國
平均壽命為五十歲，則平均每一年齡人口數約為90,000,000人，
而宣統元年統計的初等教育對象為蒙學堂 4 年，初等小學堂 3 年
高等小學堂 3 年，合計為10年，學生數 1,532,746人，則平均每
年級約為153,274人，如此推算就學率，即153,274/9,000,000＝
1.7％，大概一百人當中只有1.7人受初等教育，國民受教育人數
比率太低，國家建設，除苦力之外沒有基礎人力可用。

清朝帝國堅不願辦教育，直到八國聯軍之後，才同意辦教
育，所以有1902年的欽定學堂章程和1904年的奏定學堂章程為教
育之立法❸。到宣統元年(1909)統計，經年 5 ～ 6 之努力，才有
1.7％的就學率。比起日本慢了 30年，如果在30年前就辦教育，
經30年的努力，可能有30％以上的就學率，中國人口多，有30％
的人受過教育的話，算起來有很多的人可練新兵。甲午戰爭也必
不會輸給日本了。

民國初年的國民教育

民國初年已經重視國民教育，惟教育發展不能一蹴可幾，除
學校設備與師資需要政府大量經費之外，受教育的兒童，如果家

庭貧窮，也無法順利入學，所以還需要經濟環境的配合。民國成
立以後，國民教育的成長，如下列統計表（表３，４）所示❹，
有逐年成長之趨勢，直到民國34年(1946)，才有學校數 269,937
所，學生數21,831,898人，此期間，經過軍閥割據，日本侵華，
抗戰烽火，所以成長很慢，其就學比率，約可推計已達36％～38
％之間。抗戰勝利，我國一時列爲世界五強之一，而國民就學率
仍然偏低在 36％～38％ 之間，所以復員建設的工作又告困難失
敗，而戡亂軍興，政府撤退，遷來臺灣。國民受教育的程度低，
社會秩序、道德，不易維護，經濟環境無法改善，適應環境生活
困難，這是國家最危險的時刻，共產黨佔據大陸的主要原因，依
作者從教育生態學的觀點來看，國民知能不足，缺少選擇判斷能
力，是其關鍵因素。試想60％以上的國民是文盲，這個國家能抵
擋狂瀾嗎？國民受教育的人數越多、受教育的程度越高，這個國
家就越有抗力，越能應付複雜困難的情境，渡過危險的難關。這
是生態的原理，滿清帝國因爲壓制教育，所以抗不過像葡萄牙、
日本這一類小國，民國初年因爲國民教育未能普及，所以仍然受
日本的侵略 ，要不是第二 次世界大戰加盟美 英法等國的關係，
要趕走日本兵，是極爲困難的事，人類的生態和一般生物的生態
一樣，受環境的刺激而有學習適應和改變自己的雙重成長，被敵
人欺侮和對抗敵人，也能增長自己的能力，所以中國人在清末受

---

❹　據中共對外發表其推行識字運動的文獻稱：1945年（民國三十四
　　年）全國有 72％的文盲，留給中共建設上最大困難，所以 1949
　　年，成立中華人民共和國時，即設置中國文字改革協會，從事(1)
　　漢字整理與簡化研究(2)漢字與國語之結合統一問題之研究(3)國語
　　統一問題之基本條件之研究(4)少數民族語言系統之調查研究，並
　　以簡化漢字，推行識字運動，掃除文盲爲重點工作❺。

表 3　我國歷年國民教育之校數、學生數及經費數

（宣統元年至民國三十四年）

學　年　度	學　校　數	學　生　數	經費數（單位：元）
宣　統　元　年	51,678	1,532,746	的
民　國　元　年	86,318	2,795,475	19,334,480
民　國　二　年	107,286	3,485,807	23,531,124
民　國　三　年	121,081	3,921,727	24,899,807
民　國　四　年	128,525	4,140,066	23,881,730
民　國　五　年	120,097	3,843,454	23,497,097
民　國　十　一　年	177,751	6,601,802	31,449,963
民　國　十　八　年	212,385	8,882,077	64,721,025
民　國　十　九　年	250,840	10,943,979	89,416,977
民　國　二　十　年	259,863	11,720,596	93,625,514
民　國　二十一年	263,432	12,223,066	105,631,808
民　國　二十二年	259,095	12,383,479	106,805,851
民　國　二十三年	260,665	13,188,133	106,594,685
民　國　二十四年	291,452	15,110,199	111,244,207
民　國　二十五年	320,080	18,364,956	119,725,603
民　國　二十六年	229,911	12,847,924	73,444,593
民　國　二十七年	217,394	12,281,837	64,932,910
民　國　二十八年	218,758	12,669,976	65,870,491
民　國　二十九年	220,213	13,545,837	172,746,505
民　國　三　十　年	224,707	15,058,051	354,654,155
民　國　三十一年	258,283	17,721,103	567,077,733
民　國　三十二年	273,443	18,602,239	1,164,939,346
民　國　三十三年	254,377	17,221,814	1,833,746,308
民　國　三十四年	269,937	21,831,898	21,863,334,281

資料來源：1.宣統元年見教育部教育年鑑丙四二三頁。
　　　　　2.民國元年至三十五年見第二次中國教育年鑑
　　　　　　一四五五頁。
　　　　　3.同年鑑一四五六頁（二）表校數統計說明：
　　　　　　二十至二十五學年度各數字係二十八省、五
　　　　　　市、二區之材料；二十六、七年度爲浙江等
　　　　　　十八省、二十八年度爲浙江等二十二省市、
　　　　　　二十九至三十三年度爲江蘇等二十四省市、
　　　　　　三十四年度爲江蘇省等三十一省市之材料。
　　　　　4.表中數字包括幼稚園在內。

表4　我國歷年國民教育之校數、學生數及經費數 (民國三十五年至六十七年)

學年度	國民小學			國民中學		
	校數(所)	學生人數(人)	經費數額(新臺幣千元)	校數(所)	學生人數(人)	經費數額(新臺幣千元)
民國三十五年	1,130	823,400	54,168			
民國三十六年	1,160	855,821	204,570			
民國三十七年	1,185	840,783	3,836,824			
民國三十八年	1,991	892,758	1,335			
民國三十九年	231	906,950	50,722			
民國四十年	1,248	970,664	86,765			
民國四十一年	1,251	1,003,304	144,518			
民國四十二年	1,300	1,060,324	148,443			
民國四十三年	1,350	1,133,438	294,604			
民國四十四年	1,446	1,244,029	311,243			
民國四十五年	1,537	1,344,432	350,059			
民國四十六年	97	1,480,557	385,814			
民國四十七年	1,663	1,642,888	455,250			
民國四十八年	1,757	1,777,118	545,756			
民國四十九年	1,843	1,888,783	643,101			
民國五十年	1,932	1,997,016	814,634			
民國五十一年	1,995	2,097,957	1,048,501			
民國五十二年	2,067	2,148,652	1,106,329			

學年度						
民國五十三年	2,107	2,202,867	1,134,097			
民國五十四年	2,143	2,257,720	1,295,445			
民國五十五年	2,175	2,307,955	1,489,668			
民國五十六年	2,208	2,348,218	1,759,733			
民國五十七年	2,244	2,383,204	1,958,666	487	617,225	
民國五十八年	2,275	2,428,041	2,372,962	525	710,818	
民國五十九年	2,319	2,445,405	2,824,143	553	799,223	
民國六十年	2,331	2,456,615	3,225,000	567	847,666	2,372,317
民國六十一年	2,337	2,459,743	3,530,293	577	908,615	2,461,096
民國六十二年	2,349	2,431,440	4,096,905	586	948,872	2,976,990
民國六十三年	2,354	2,406,531	6,082,406	594	990,931	4,350,067
民國六十四年	2,376	2,364,961	7,157,372	605	1,036,357	4,980,829
民國六十五年	2,378	2,341,413	8,570,331	614	1,058,870	5,842,217
民國六十六年	2,400	2,319,342	10,090,612	624	1,075,455	6,285,436
民國六十七年	2,412	2,278,726	11,533,697	632	1,082,074	7,478,630

附註：1.35～38學年度為中央遷臺前之臺灣一省資料，當時大陸尚在政府掌握之下，但無資料可稽。

　　　2.會計年度起訖期間迭有改變，故本表經費數係改為配合學年度加以計列，但仍無法完全吻合。（39～42年度經費為臺幣數，經費數1～12月曆年度，則已配合。）43學年度起至以後各年度，另43年上半年度經費數未計列。

　　　3.表列各項數字均包含少數私立小及私立初中數字在內。

　　　4.國中係列自57學年度起實施。由於改制初期，仍有甚多高初中數字不能分列表列分，故57～59三學年度國中經費難以畫分。

列強侵略以來直到二次大戰結束，在失敗被欺侮的情境中不斷地增強自己改變自己，這是難以解釋也是難以察覺的生態原理。

反攻大陸的思考與國民教育

　　民國三十八年政府撥遷臺灣，在美國的支援下建設臺灣爲復興基地。教育爲建國的基輔，政府在臺灣四十年來最大努力指標就是爲反攻大陸，因此在臺灣辦教育，其經營教育的思考技術，必須以反攻大陸的政策爲思考的重心。站在反攻大陸的立場來思考教育，則最好利用教育來：

1. 訓練國民成爲馴服的國民。
2. 訓練國民成爲呆板的國民。
3. 訓練國民成爲機械化的國民。
4. 訓練國民成爲戰鬪的國民。
5. 訓練國民成爲思想一元化的國民。

這是因爲政府要推行反攻大陸的策略，需要有馴服的、呆板的，機械的和思想一元化的性格的國民做後盾，因此教育上需要設計一套訓練國民養成上列幾種性格的最佳模式。反共的思想教育，民族精神教育，軍事化教育（如唱軍歌等），都在小學實施，民國三十八年至五十七年之間，臺灣只有實施六年制的國民教育，升初中的升學考試逐年競爭激烈，而演變成爲初中聯考，在爭分數的升學體制下，小學教師命小學生回家寫功課一個生字或新詞寫二行或三行，背參考書的解釋，塡空，選擇題答案，這就是有利於訓練國民馴服的，和機械化的作法。五十七年政府基於提高軍人素質的需要，延長國民教育爲九年，實施九年國教，小學生

免試分發升入國民中學，國中畢業生面臨高中的升學壓力，惡性補習上升到國中。 國中生為應付高中聯考 ， 學校要求學生早上 7:00 到校晨考，接著有隨堂考，放課再留校輔導寫考試卷，週考、月考、期考、模擬考，天天從早考到晚，讓學生一看試題，不必思索就知道答案，而作答只有一個絕對標準，考試低分者，不論其什麼原因 ， 允許教師予以體罰 ， 這種近於摧殘人性的教育，也是因為它有利於反共大陸需要的國民性格的訓練，所以聯考體制領導下的升學主義教育，儘管它發生許多弊害，但它既然有利於政府推行反攻大陸策略的國民訓練，只好讓他繼續發展下去。

這就是反攻大陸的思考策略下受歡迎的國民教育。在解嚴後的社會裏，政治民主化，經濟自由化，教育不再是訓練國民馴服呆板機械的工具，所以今後的國民教育，仍然應該使之回復到教育的本質，才能符合正常的社會發展需要。

發展經濟的思考與國民教育

臺灣地區四十年來努力的第二個主要目標就是發展經濟，但發展經濟的教育思考不能違背反攻大陸的教育思考。而在反攻大陸的教育思考技術下， 培養出來的馴服、 機械化、 熟練化的國民，適合於發展加工出口區經濟，加工出口的工廠，需要勞力密集的操作工，所以加工出口的經濟發展政策與反共大陸的教育政策是相召合的。

可是，臺灣的經濟發展，不宜長遠停留於加工出口的型態，經濟自由化或國際貿易自由化的浪潮已湧來，此時最重要的是工

業的升級，使在原有的基礎上朝向資本密集與技術密集的工業發展。工業升級需要的人力資源，不再是呆板機械化的國民，而是需要富有創造力思考力的國民。像今日聯考體制領導下的升學主義教育，就很難培養富於創造思考的國民。

鼓勵國民接受教育與壓制國民接受教育

臺灣國民教育的發達情形，以就學率之統計言已近百分之百的程度，但在九年國教如此發達的狀況下卻暴露出國民受教育的機會有鼓勵強迫與壓制的問題。國民受教育的機會，在國民中學以下是完全的提供，而且是強迫性的，國民有接受九年國民教育的義務，到了國民中學畢業以後的高級中等教育，則反而採受壓制的方法，限制高中高職五專等等學校的成長，壓制國民不能照希望接受高級中等以上學校的教育。國家對於全體國民的教育情形，如果希望國民全體接受九年的國民教育，當然也希望國民受十年教育或十二年教育，政府希望國民多受教育的本心和家長希望子女多受教育的本心是一樣的，過去農業社會貧窮的家庭，父母家長怕子女受教育而拖累，希望子女留農或做工補貼家境，政府才站出來以強迫手段要求國民義務受教。西方的工業化也是因為家長父母驅使兒童做工不能讓兒童受教育，所以政府出面強迫父母讓子女受教育，政府既然用心力促使國民受教育，又為什麼要阻止國中畢業的國民受教育呢？這不是很奇怪令人不解的事嗎？作者在教育部國民教育司擔任科長的時候，承辦國民中學畢業生升學與就業輔導的業務，這是由於民國五十七年實施九年國教的當初，政府為顧及國中畢業生有因為家境關係不能升學者，應予照顧適當輔導其就業，俾其有路走進就業之門，同時對於志願

升學的國中畢業生也能提供其升學的機會。因此由教育部邀請內政部、經建會、青輔會、經濟部、交通部、退輔會、農復會、救國團、省市政府社會處局、教育廳局等有關，機關（中央機關則或邀其副首長，或邀其專司業務的人員，省市政府教育及社會廳處局則邀請首長參加），組成國民中學畢業生升學就業指導委員會，每年於國中生畢業之前由國教司主管科作業，請教育部技職司提供五專招生人數計畫，請省市教育廳局提出高中高職招生人數規劃，請青輔會商洽省市社會處局提出國中畢業生的就業輔導計畫，彙整成爲當年度國中畢業生升學就業輔導規劃案，提出國民中學畢業生升學就業指導委員會討論，並檢討上一年度輔導之成效。此一措施，於國民中學第一屆畢業生畢業時就已辦理，至今繼續存在，剛開始辦理，國中畢業生志願升學人數比率較低，高中高職五專一年級招生人數總和與國中畢業志願升學人數較爲接近，國中畢業生的升學壓力也較輕，志願就業的國中畢業生流入勞動市場，由國民就業輔導機構設專人辦理國中畢業生的專案輔導，就業輔導機構與國中就業輔導的教師密切聯繫，以期將志願就業的國中生整批整批地送進工廠做工，當時傳統工業的紡織廠與新興工業的電子裝配廠正大量需用人力，所以國中畢業生的就業不難。隨著經濟發展，工業人力需求增加，國中生的父母兄姊姑叔都有了工作，家庭經濟也好轉，希望子女繼續升學，於是國中志願升學人數比率逐年增加，工廠缺人工的情形也愈嚴重，一個國中生有三個乃至五個就業機會，造成國中就業生流動率特高的現象，因爲就業機會多，學生有選擇工作環境和待遇的機會，一有機會就流轉到其他工廠，因爲都是勞動力密集的操作

工，流動也不困難，企業界認爲一批一批的工人流動就業對他們來說是損失極大，紛紛要求教育機關加強學生職業道德教育，但現實問題是企業界的僱用待遇升遷福利等措施如何，無關職業道德問題。升學輔導方面，每年高中高職畢業幾班就招新生幾班，每年都一樣，量出爲入，升學志願增高，省市教育廳局並不規劃增加高中高職以調整量出爲入的作法，導致升學壓力大，升學競爭激烈，顯然沒有增設高中高職提高後期中等教育就學率，作者站在國中生升學壓力立場上建議增設高中高職，經建會人力規劃立場則大表反對，理由是國中畢業生升學率提高，則工廠人力需求更爲困難，將影響經濟成長，所以必須暫時壓低高中高職五專的新生招收人數，使一部分國中生畢業後升不了學只好走進工廠做工，教育部要配合經濟發展政策，只好暫不強令省市增設高中高職，亦不肯核定五專增班或增設，就這樣壓制高級中等教育發展的結果，社會上便產生國四班（國中四年級的補習班），以應落第國中生重考補習的需要。經濟發展後家家有錢供子弟升學，而政府有意壓低高級中等教育的就學率，以提供工廠人力，結果考不上高中的國中生並非走進工廠，而是到補習班去補習，眞正志願就業的學生不多，人人志願升學，升學壓力極大，這樣的經濟成長的教育政策，卻換來國中教育的不正常化，激烈的升學競爭下，整個國中教育變成升學的練習考試的場所。作者當時身負督導正常教學之責，每年訪視國中一二百所，所見國中多以考試取代教育，幾乎見不到辦國民教育的國民中學。升學壓力更因爲國四班的重考競爭而加重，國民中學教育走到此一地步，完全暴露前述的教育病理與教育荒廢的現象。如國中升學壓力不予解

除，則我國民都要經過一段國中時代，他們註定要在不正常的教育下成長，這對於國民生態影響是極爲不利的。

生態學的思考與國民教育

前面已將反攻大陸的教育思考與發展經濟的教育思考予以檢討反省，由於解嚴後，臺灣社會呈現出轉型的圖象，在社會轉型的過渡期，一切變動呈現出來，原來的教育與社會需要不相符節，所以會出現社會的混亂脫序之現象。教育是整個社會活動當中的一部分，當社會有了變動的時候，教育必然會受影響而引起變化。教育的變動，係爲適應新社會的需要，而新社會的形成又要教育作爲前導，所以今日教育最要緊的是趕緊想出穩定社會促進社會進化的有效辦法。本書在序論之部已敍及七十年代以來，人類思想的重心，已由"經濟發展"一變而轉爲"注重生態"的思考。教育乃人生的大事，當人類的思想一旦有了革命性的轉變，則對於教育的想法與作法，必然會引起變化。從生態學來思考教育問題，則第一教育與人生同在，人之生涯皆需學習發展，所以教育應使之成爲終身學習的體制。終身學習的教育體制，本書前面論及生態系的原理與教育經營已提出共榮共存的教育生態系統可供參考，今後的國民教育，要回歸教育原流，則必然要走向共榮共存的教育生態系統。第二教育體制終身化之後，個人爲需要而學習，何時有需要就來學習，因此教育的空間放大，也就是開放的自由化的教育制度也能實現。第三教育體制終身化與自由化的理想實現之後，需要學什麼就學什麼，因此教育價值的多元化也能落實。教育能够終身化、自由化、多元化，則教育與人生

混然合一，今日國民中學教育的正常化才有可期。從生態學的觀點來思考國民教育，我們希望未來的國民教育是在共榮共存的教育生態系統內沒有升學壓力，沒有惡性補習，依照教育原理正常教學的國民教育。

兒童的生態與教育

兒童生態環境的變遷

現在的兒童生態環境有下列幾點顯著的變遷：

㈠大都會的形成：人口向都市集中，鄉鎮也都市化，眞正住在偏遠的鄉下人很少，所以在臺灣地區，現在已看不到鄉下人，在臺北街頭，過去 20～30 年前，鄉下人與都市人一看就分得出來。現在已無法分辨誰是鄉下人，誰是都市人，尤其年輕的一代，已全部都市化了，住在鄉下的年輕人，因爲家家戶戶都已電氣化，有電話、電視、冰箱、機車、汽車，生活已像都市人，他們到臺北街頭，沒有鄉下人的特徵了。所以我們的兒童都在都市裏成長。

㈡生活富有：貧窮在臺灣社會已經消失了，穿的、吃的都不缺乏。臺北市領政府救濟的貧戶，家裏一樣有電視、冰箱、機車、電話。增加所得的比率比物價漲率高得多，人民開始富有起來。只要勤勞，人人有工作，有收入，勤勞的國民在 20～30 年代，省吃儉用下節約支出，民間又有招"會"的儲蓄互助風氣，錢被儲蓄下來，成爲富有的社會。所以我們的兒童都在富有的社會裏成長。

㈢親情疏離：在工商業發達，經濟繁榮的社會，身爲父母

者，都投入賺錢的活動行列，新生的兒童，要託人保育，懷孕的媽媽不打算生育後辭職在家育嬰，內心只打算把孩子託給誰去保育，當然生下的新生兒童得不到母親的全心照顧，所以現代的兒童與父母的親情疏離，他們在缺乏親情的情形下成長。

㈣兄弟姐妹少：節育之流行，有效壓低人口成長，除了政府倡導之外，現實生活的需要也是促成節育不願生子的主要因素。夫妻都有工作的工商社會，照顧小孩是一大負擔，所以生一個小孩或二個小孩已經是過重的負擔了，現代的兒童，兄弟姐妹少也是新環境的生態現象。

㈤過度保護：由現代的生活條件需要節育的結果，子女少了，便成為寶，因此現代的兒童普遍地有過度保護的現象，小孩打一個噴嚏就送醫院，上學的孩子一個水壺一個飯盒一包洗好切好的水菓，家庭裏冰箱飲料零食愛吃就有，過著享受的生活。

㈥與大自然脫離：現代都市化人口集中的生活，公寓大廈內養育的子女，長久居住在沒有大自然氣息的高大建物裏，住的好，吃得好，長久與大自然缺乏接觸。養在高樓大廈裏的小孩，很像飼料雞而成為飼料兒童，他們沒有像土雞的體力與耐力。現代兒童肥胖而不實，體力與耐力、心力都有不足的現象。

兒童的生態與教育

兒童的生態變遷情形已如上述，在如此生態環境下，國民教育的教師應有適當的因應措施。首先身為現代教師面對新生代的兒童青少年，要有下列幾點認知：

第一、身為教師者與新生代的學生，有生態上的代溝，今日教師大多數是在抗戰，戡亂的時代裏成長，也就是苦難的時代裏

成長，在連年戰亂，烽火漫天的時代裏長大的大人們，今天雖然
也享受富有，但他們的思想裏有太多的苦難記憶，他們記得的是
一堆的貧窮痛苦與憂患感，而新生代則沒有這種感覺，新生代無
法體驗老師們的苦難記憶，所以教師們要求於學生的，學生們很
難心悅接受，這是生態上的代溝，很難填補或搭通的代溝。如果
教師要把他們貧窮時代的苦難教訓傳達給新生代，是行不通的，
必須要由教師接受生態學的思考技術，體認新生代的生態現象，
放棄教師本身的苦難記憶，改變爲認同新生代的生態環境，才能
化解存在於教師學生間的代溝問題。

　　第二、要認同新生代的苦惱。今日的教師多數在貧窮患難的
時代裏成長，他們的苦惱多半來自貧窮，教師們看到新生代的學
生生活在富裕的時代，誤以爲學生們既然富裕便不會再有苦惱，
這是很大的錯覺，其實新生代的環境裏仍有令學生苦惱的事，課
業繁重的苦惱，排名次的考試成績單挫折的壓力感，沒有充分的
休閒時間，親情疏遠、活得像飼料雞一樣不能與大自然接觸的失
落感……。富有社會的新生代仍有一籮筐的苦惱，這種苦惱與教
師們小時候的苦惱不一樣，因而今日的教師不知同情新生代的苦
惱所在，對於學生缺乏同情，只知給學生施加壓力，製造學生反
彈的抗力，實在暗藏著教育的危機。

　　第三、日益加深的升學壓力，壓得新生代的人性畸形化。前
面說過，行政院經建會爲支援企業界僱用勞工，建議行政院在政
策上壓制國中畢業生的就學率。限制增設高中高職五專或限制高
中高職五專的招生人數，使一部份國中畢業生升不了學，以使輔
導他們就業進入工廠做工。這個策略在貧窮的時代，一部份家庭

需要子女早日幫助家庭經濟，這些學生本來就願意到工廠做工，
不會製造教育上的問題，但經濟逐漸富有的社會，每年志願就業
的學生逐漸減少，而工商界需要工人孔急，父母兄姐都有工作機
會，越希望子弟上學，這種情形下，企業缺工人，政府要幫忙企
業界，更要壓低升學率，學生家庭則漸漸富有，更要子弟升學，
升學壓力便逐漸增加，升學競爭日益激烈嚴重，國中無法正常教
學，全力應付升學考試的訓練。由於政府有意壓低升學率，而學
生家庭全力要求子弟升學，所以國四班（國中畢業後的重考學
生）在民間的補習班發展，國四班和國中應屆畢業生的競爭，更
加重升學壓力，使得國中變成升學的地獄，任何國民當他們小學
畢業時便要開始他們的升學競爭的戰爭，三年國中生活，從早上
考試考到晚上，有無數次的失敗挫折，學校教師不得不以艱深的
試題來警告學生，令學生了解未來的升學考試就是這麼艱難，不
加緊用功，一定考不上高中，教師的這般用心，固然出於好意，
可是他們命題艱深故意令學生挫折失敗，打擊學生，便是沒有惡
意的惡意。學生失敗挫折之下，他們原有善良人性，也開始變
化，逐漸畸形，這種人性的創傷，和抗戰時期日本飛機的轟炸一
樣，產生了無限的怨恨，使人生不能平抑的一種情懷，他們無緣
無故怨恨這個社會，這是人類生態的另一種現象，這種生態現象
也就是人性畸形化的現象。

　　第四、今日的新生代不缺吃不缺穿不缺錢，但缺親情與愛
心，教師於此時，最應向學生伸張愛心之手，不幸教師本身也被
升學壓力所因，站在升學競爭的關鍵處壓迫學生苦讀書，學生在
考試挫折時，要遭受教師的處罰，成績單到家裏又要受父母責

罰，接受國民教育的青少年多數活在充滿挫折感的少年時代，和沒有同情援手的冷酷世界。

第五、新生代住進公寓大廈，被養得像飼料兒，與大自然缺少接觸，平時課業又重，一面做功課一面聽立體音響的音樂，閒下來看彩色電視節目或影帶，習慣於感官的滿足與享受，較有深度的文學哲史大著，則因時間不允許，很少涉獵，升學壓力下的學校，教師也不敢鼓勵學生讀課外書，新生一代的青少年逐漸浸淫於感官滿足的文化環境裏，而有教養不足的現象。這也是新生代的生態現象。

第六、文弱書生乃是古來的一般印象，現在的新生代則不是因為書生而虛弱，而是因為生態環境變遷，成為飼料鷄一樣的兒童，體力耐力心力的薄弱是由於生態環境變遷下造成的，教育上有此體認，才能針對缺點來拯救。

根據上列幾點認知，今後國民教育的因應措施，宜以下列事項為重點：

㈠主管教育行政機關根據上述之認知，即應確立新的教育政策，採取有效措施，消除升學壓力，防止教育走向偏差、荒廢與不正常的現象。這一點在第Ⅱ章生態系的原理與教育經營提到共榮共存的教育生態系統，已提供一條可走得通的新教育政策之路。請參照該處，茲不再贅述。

㈡鼓勵有方減少新生代的挫折感。目前各校實施的教育，是選拔教育型的學校經營，這是共貧共存的教育生態系統的必然結果。在選拔教育型的學校裏，教師對學生的態度，只會獎勵有通過聯考希望的學生，而壓抑輕視其他才能的學生。大多數通不過

聯考的學生，教師也沒有什麼心情或辦法來鼓勵，這真是不幸的教育生態環境。只有等待將來教育政策轉向共榮共存的教育生態系統，這個社會才能真正成為行行出狀元的多元化的時代。激烈的升學競爭，乃係壓抑教育的教育政策所造成，壓抑的教育給青少年無數的挫折感，給社會製造不安的因素，這是教育的負面效果，值得警惕。

㈢加強師資訓練消除師生的代溝。貧窮與戰亂中成長的老一代與富裕繁榮時代出生的新生代，產生的代溝，如不予設法消除，教師的教育措施，必然發生某種困難問題，教師不了解新生代的生態環境帶給他們的不同質的苦惱，所以教師不能認同新生代的苦惱，而忽視（輕視）新生代，致造成教育輔導方法的格格不入，失去教育應盡的功能。這要在師資的訓練方面來詳加探討，把師生間的代溝予以消除，才能有助於新的教育發展。

㈣教師要做到代替父母職，以瀰補學生親情的不足。教師將面對缺乏親情的新生代，對一羣羣被疏遠於親情的學生們，教師的教育措施，最重要的就是設法瀰補學生的親情不足，這要改變學生的父母，遠比由教師來愛學生困難，所以由教師代替父母職，以瀰補親情，是最容易做到的。近代由於工商社會轉型之下，教師們也養成了上班下班的嚴明界限，教師覺得下了班那有時間心情去關愛學生，學生放了學，應用到父母身邊，事實上學校放學後只是回到空空洞洞的家屋（或稱為飼料雞的籠子裏），並沒有回到父母身邊，教師如在這個時間，多替代父母照顧一下學生，使學生不致於每天有落單的時間，對於新生代的成長過程是很重要的。

㈤多與休閒時間並安排學生多接觸大自然。新生代既然已像飼料兒童，生活在籠子裏（溫室裏），其人性的形成必然也發生變化，所以教育措施很重要的一點，就是要多給學生休閒時間，並切實安排利用休閒時間與大自然接觸，以維護新生代在人性的形成方面不致於變成畸型。日本在七十年代爲使學生有更多寬裕的時間，以便導引學生善用休閒時間，發展學生的個性，但那時日本的教育學者尚未注意到日本兒童的生態變遷的對應策略，所以在修正課程標準時給予兒童寬裕的自主時間，卻沒有安排與大自然接觸，結果造成多數兒童利用這些寬裕的時間去補習班學習才藝。作者認爲當今新生一代，有了寬裕的時間，更重要的是出去和大自然接觸，學習才藝應該屬於次要的。

㈥加強體能訓練，挽救新生代虛弱退化的體能。飼料兒童就像飼料鷄一樣，虛胖虛肥，其體能也顯得虛弱退化。教育措施如繼續予以晨考，午睡、課後輔導等只重智育準備升學的訓練，則學生的體能必致江河日下。這要改變教育措施，配合上述的大自然接觸，加強學生體能訓練，不要辦晨考、不要強迫午睡，不要實施課後輔導，要讓學生在操場奔跑，在陽光下曝晒，在室外活動，不是一早到晚關在教室裏讀書吃便當和強迫午睡。

㈦陶融國民內在涵養，變化國民氣質。在國民中學階段由於升學壓力導致學生課業過重，考試過多，惡性補習，教師不願學生多讀課外書，國中的圖書館多已成爲半關閉狀態。學生耗費過多的時間寫考卷、背試題答案，那些必須要花時間去觀察調查採集訪問或閱讀實驗操作等學習活動，對於升學考試的成績不會有幫助，所以教師與學生都爲避免浪費時間而不肯正當的學習，如

此下去，國民教育已養成學生功利思想，膚淺的嘗試，只求分數，不求實學。競爭分數，養成自私、忌妒、心胸狹窄，對周遭環境與社會漠不關心，一面做功課，一面聽立體音響，忙碌中但求感官享受，長大後，沒有高尚理想，流入工商社會，像一部大機器中的小零件，沒有自己的價值觀，易於沈宕在聲色犬馬的享樂中。所以國民教育的國中階段如不能與國小聯成一氣，打開升學困阨通路，則很難培養國民優良氣質。當今最重要的國教措施，實應在青少年的生態環境中再審愼探索，並補救其偏廢之處，作者深以爲國民中學的教育，極需另起爐灶，從頭做起。

引用文獻：

① 參看世界教育年表。

② 教育部第一次教育年鑑。

③ 見欽定學堂章程與奏定學堂章程。

④ 司琦著：中國國民教育發展史。

⑤ 原田種雄、新井恒易編著：現代世界教育史，　中國，p. 419-453ぎようせい，出版，昭和56年。

⑥ 見教育部教育統計。

⑦ 李聰明：生態系的原理與教育經營，行政院72年度同處長科長出國進修考察心得報告，教育部，73年。

四 生態學的思考與科學、技術教育

科學教育的檢討

科學是全世界人類共通的正確知識，是沒有國界的，也是屬於全人類的。至於技術則是解決問題的方法。解決問題的方法因其問題的存在乃是個別的，所以解決問題的方法也是屬於個別的（個人的或私人的），旣然技術有私人的屬性，那麼技術便不是共通的，它可以提供給別人，也可以不提供給別人，所以美國的技術，不一定要提供給蘇聯，甲工廠的技術不一定要讓乙工廠知道，這是科學與技術的根本差異。科學領域，從人類共通的正確知識來思考，可知道它是廣域的，爲便於認知科學的領域，許多人先用分類學把科學分爲自然科學與社會科學兩部分來探討。

自然科學

ａ桶水比ｂ桶水熱——這可以用溫度計來測量。它的結果可以精確地測定ａ桶水比ｂ桶水熱幾度。

社會科學

ａ先生比ｂ先生熱情——這不能用溫度計測量，但一樣有測定的可能。ａ桶水比ｂ桶水熱，用人的手觸感覺也能測得出來，ａ先生比ｂ先生熱情，一樣可由第三人的感受測出來，或用觀察

法觀測出來，或用情境測驗法測量出來。

　　上列舉的例子，自然科學要探索 a 桶水比 b 桶水熱，透過物理測量，既簡便又精確，容易說服，使人認知與共識，所以大家比較信任自然科學。社會科學要探索 a 先生比 b 先生熱情，用第三者的體驗，其結果雖然也能證實 a 先生比 b 先生熱情，但總不如 a 桶水比 b 桶水熱5°C 那麼簡單明確。a 先生比 b 先生熱情的答案，以科學的方法來說明，則以"高度"、"中度"、"輕度"來表示。如：

　　　　a 先生比 b 先生有高度的熱情

　　　　a 先生比 b 先生有中度的熱情

　　　　a 先生比 b 先生有輕度的熱情

高度、中度、輕度，雖與 5°C、3°C、1°C 一樣有差異度的意義，但在科學的世界裏，人類的思考比較容易傾向愛好5°的精確意義。

　　由於近來人們有傾向於偏愛自然科學的精確性，也相對地認為自然科學比社會科學重要。作者雖強調肯定自然科學的重要，唯對於自然科學是否比社會科學絕對重要乙節，尚不敢斷言。又許多人也認為自然科學比社會科學艱深困難，作者雖相信自然科學比社會科學困難，但仍不敢斷言社會科學絕對比自然科學容易，好比說最近股市有起落漲跌，如果社會科學比自然科學容易的話，那麼明天股票會漲跌多少，就很容易探索出來，如果有困難，那便是社會科學的困難。為什麼社會科學的困難沒有引人注意，這可能是對古典社會科學的誤解，於此，有加以檢討的需要。

古典的社會科學與社會工學的社會科學

古典社會科學的陳腐化

社會科學被視爲次要的科學，主要原因是把古典社會科學當作現代社會科學看待。古典社會科學的性格，帶有文學的，意識的 (ideology)，傳統的、保守的形態，雖然古典社會科學本身極力朝著 “科學性” 的方向努力，但在方法論上受到條件的制約，就以日本明治 維新的時代爲例 ，他們接受西方近代化的工業科技，拒絕西方近代化的社會政治制度。我國清末，滿清帝國極力想反抗西方的侵擾， 卻不願學習西方的政教 ， 到最後不得已之下，也只能探 “中學爲體西學爲用” 的折衷路線，直到臺灣地區反攻基地的建設模式與日本明治維新的模式相似，接受西方現代化的科學技術，不願接受西方現代社會的政治、經濟與教育，如此情形之下，臺灣的社會科學，一直保守著傳統的觀念意識，也就是不能完全科學化的社會科學。知識份子觀察到自然科學走的路線比較科學，社會科學走的路線不太像科學。所以誤解社會科學，這種誤解也是受陳腐的古典社會科學的影響。

社會工學的社會科學

古典社會科學既有意識的統制，它被某種思想所籠絡，這樣的學術，不被學者重視，也是難免的，倘若能將社會現象，也視爲自然的現象，而應用自然科學的方法來研究，則其可信度必然也會提升。例如 “需求的預測” ，將未來社會上的需求予以正確的預測，古典社會科學， 可能用某一種理念去推理、 臆測 、 斷言 ， 因爲古典社會科學 ， 尚未齊備研究未來需求預測的形式條

件，例如消費者的行為的測定理論，或預測理論所依賴的行為科學、管理科學等形式條件不夠，所以對於測定未來需求的方法研判解釋都不夠科學，其預測的結果也就不夠科學了。反之社會工學的社會科學方法，與自然科學的方法一樣，從有關的理論與假設著手，把有關的假設求證出來，再作分析與研判，其結果與自然科學一樣的有正確度。當然一般說來，其答案不會像自然科學的答案一樣精確，這是因為科學性質的差異，相關因素的誤差所致，並不是科學形式的問題。所謂預測，不是為預測而預測，而是為利用供應而預測，當販賣政策與銷售量之間的關係，能正確測定時，則為達成銷售目標，應採取何種銷售策略，便能明瞭。這樣的 "預測" ， 就是自然科學理論應用於工商管理的社會科學，一般稱這種社會科學為社會工學的社會科學❶ 。

利用自然科學的理論形式來研究政治、 經濟、 社會 、 教育等各領域的社會科學極為重要 ， 二次大戰以前 ， 只要科技發達的國家，把工業生產技術解決了，便成為強國，二次戰後社會科學不發達的國家，解決不了他們社會上存在的各種困難複雜的問題，即使擁有生產技術、工業科技、國防科技等自然科學的基礎，也是無濟於他們的政治建設、經濟建設、社會建設、文化建設，仍然不能成為現代化的國家，所以教育上實施社會科學的教育極為重要。尤其像臺灣地區的工業公害防治與環境保護兩個問題不易得到平衡點，工業發展與環境保護的爭論未能早日獲得共識的原因， 便是社會科學教育有所疏失的原因 。 我們由於科技的落後，猛烈地追求迎頭趕上先進國家的科技，所以一向偏重於自然科學教育而忽略社會科學。這在科學教育方面亟應加檢討改進，

以期求得社會科學與自然科學一樣的並駕齊驅的發展趨勢。作者的看法認爲社會科學不發達的國家是解決不了社會問題的，解決社會問題比解決築水庫、機場、高速公路困難，我們要消除社會上發生的好賭、投機的風氣，必定要依賴社會科學的探索，沒有現代的社會科學，便無法分析求證發生股市狂飆的內在原因，並能開出一條導正社會風氣的水圳來。如果做不到，這個社會便顯然缺乏社會科學的能力，就像自然科學明明需要一座水庫的地方卻造不出一個水庫的道理一樣。

技術教育的盲點

技術的本質

談到技術的教育，應先探討技術是什麼？

要探討技術是什麼這個問題，要從歷史的層面，現實的層面與理論的層面三部曲來思考。歷史的層面來想技術這個問題，也許會想到燧人氏發明鑽木取火，有巢氏架木作屋，神農氏教人農耕，甚至嚐百草而發現草藥，軒轅氏的指南車決勝涿鹿等，說明有技術的人能改善生活，也能戰勝敵人。從這個歷史傳統來想技術對人類生存的重要性是無可懷疑的。現在我們應再進一步想想技術是怎麼發生的？希臘的詩篇中有下列的一段記載：

・發明之神，歐爾哥奴教工人們種種方術，

　　工人們於是發生靈感，做出來優美的製品。❷

這個希臘詩篇出於紀元前 850 年之間，主述的內容說明技術是神傳授給工人方術，使之發生靈感，而做出了優美的製品。

據此則古希臘人認爲技術是神授的靈感用來做優美的製品，

其中的要件包括：

　　1.靈感——思考、構思、發明、意念、會通、領誤……等。

　　2.做（技能）——實作、操作、手藝、才能、熟練……等。

　　3.製品——用具、食品、衣著、飾物、武器、成就……等。

　　4.優美——好用、堅固、耐用、美觀、娛情……等。

上列的技術要件，還要有發明之神來傳授給工人方術，這裏所稱
的發明之神，應屬於純科學的根本所在，古希臘人無法探索它的
本體性，於是歸功於發明之神，而此處所稱的方術，就是科學的
原理或理論，發明之神把科學的原理（方術）傳授給工人，工人
才會發生靈感，才會憑其熟練的手藝操作來做出優美的製品。所
以技術是科學原理的下游，沒有上游的純科學與理論，便不可能
有下游的技術。

　　技術在歷史的輪轉裏相沿相習而不斷改進，技術的概念也逐
漸開闊，例如“機械裝置”是技術的術語，而從單項製品的器具
到機械的裝置，已經是組合多件的器具製品，但裝置本身又是技
術的另一個層次，精密的配合才能完成機械裝置，技術便要在連
鎖配合整備一致的情況下提升，苦工的階段也由於技術的提升而
逐漸減輕，機械代替了苦力便是機械裝置的技術進步的成就。農
業技術的牛耕是人和牛的力量和器具併用的結果，騎術是人與馬
的技術配合，騎腳踏車是人力和機械裝置與平衡動力的多重組合
的技術。技術無論如何演進發展，都要工夫與熟練。鋼琴是技
術的製品，要製作鋼琴必須相當多的基礎條件，但製好的一部鋼
琴，也要有琴師來彈，技術教育不只是培養製作鋼琴的工人，連
琴師也要一起培養，彈鋼琴的人才也是經過一番的功夫與熟練的

技術修練。技術能製造飛機，也要訓練飛行人員來駕駛飛機，製造飛機的技術人員不一定能駕飛機，會駕飛機的技術人員也不一定會造飛機。飛機是一部複雜的機械裝置，每一部分的機器由不同的技術人員製造，現代的分工與分業，密切配合下才能完成航空系統。同理航海系統，陸地運輸系統，都一樣由很多的技術人員配合起來工作，才能成為大技術。技術學便是在這樣的發展軌跡下成立的。

　　現實層面來思考技術問題，我們把注意力轉移到技術的實際性，那要從技術的"場"──即工作場來觀察，其中就有土地或場地、資本、勞動力、原料、能源、產品、運搬、包裝、銷售、服務、公關、廢氣、廢水、廢物處理等等，任何一項都需要專家的技術考慮，做事的規劃、操作、活動、處理、沒有一項不需要專門技術。例如土地的取得一項，其選擇、購置、整理、配置，若不以專業的技術來考量，將來與整個生產銷售以至廢水廢物處理都會發生問題，再以資本一項來說，資本包括現金貨幣的增殖、消損，以現金轉換成機器以至生產現場一切物財。資本必須增殖，不可虧損，那就是透過生產銷售來追求利潤，也就是經營的中心問題。經營的主體又要歸到公司的組織與策略，公司的經營又要受政治行政的管理，如果本公司的經營能與國家的政治方針經濟策略一致，則本公司的資本增殖便有希望。由此可想到資本增殖關連到國家經濟、政治、文化的種種關係，而資本增殖最直接的技術是經濟學的學問，即經濟學的資本論，資本論探究的範圍包括生產現場的技術與勞工，政府如採取策略防止勞工罷工示威的經濟環境下，則資本的增殖，可以從壓榨勞力的方向來快

速獲得。政府如採取保護工業策略，則工廠的廢水可以放入河流
或海洋，這一部分的生產成本便可在政府保護下轉移到社會大眾
負擔的成本，也有助於資本的增殖。反之，政府的策略改變爲保護
勞工和保護環境，則資本增殖不能向壓榨勞工和社會成本的作法
來求得，類似的關聯性問題都要有專業的知能，這些專業知能都
屬於技術問題，也是現實的技術層面問題。如果進一步的在現實
的層面來思考勞工本身的技能問題，甚至勞工的道德、品格、敎
養等，這都是與現實有關，職業道德是靠學校的教育來培育陶冶
或靠優良的勞務管理制度（例如福利待遇等條約）來維持？便是
現實的層面，也是現場的活生生的技術問題。談到現實的技術層
面，有一個 moment 的概念極爲重要， moment 是源自拉丁語
momentum，表示能率的意思。例如原料與製作方法和勞動力三
者在產業的場所，合起來產生製品的過程表現出來的結果就要用
能率的概念來肯定其全體的效用。做出來的事物，其價格比起原
料、勞工和製作的消費總和如果高出很多，就可算作能率高，反
之則能率低，所以技術的 moment（能率）關係到素材、資源、
自然、勞工、機械、做的技藝、發明，藝術等因素的總和功效。
這個總和功效被稱爲 moment，也是技術的現實物。技術學要掌
握的便是這個現實的 moment問題❸。技術教育的重心也是這個
能率如何的問題。

　　最後談到理論層面的技術問題。從理論的層面來思考技術是
什麼，那便更接近技術的本質了。談到技術的本質，可從下面兩
個觀點來思考，第一就是所謂技術是屬於那一門的知識，也就是
技術的領域，我們能確定技術的領域，才能確定技術教育的範圍

對象與科系課程 乃至教育上 的分工等問題 ， 第二就是技術的本質，我們了解技術的本質，才能對技術教育拿定眞正的方法（課程教材教法）來施敎。談到技術的領域，先要把領域一詞弄淸楚，我們如果說中國的政治領域，則指中國政府可以派人派兵統治管轄的領域，其範圍明確，不會令人疑惑，如果我們說中國文化的領域，則其擴散性超越國界與民族的範圍，有不容易確定的範圍。技術的領域有的像政治領域那麼明確，有的像文化領域那麼籠統， 所以我們最好以 "Sphere" 這個槪念來 界定較 爲適當。"Sphere" 本字爲球體或天體 ， 現代科學家喜歡用 Sphere 這個字是因爲它足以表示 "活動範圍" 的意義。如果以下圖11

————— ＝ ……………………… 。
技術領域就是技術的活動範圍。

圖11 技術領域的界定

這個模式來界定，則技術的活動範圍就是技術的領域，也是技術的天地，或技術的世界。技術的活動範圍有多廣，多大，多細，多繁， 這個思考的方法 ， 即是 "Sphere" 的槪念賜給我們的方便。用技術的活動範圍來思考技術領域，則技術有精神的活動，有勞力的活動，有精神的和勞力的混合活動，而且純精神的活動或純勞力的活動很少，大部分是精神與勞力混合的活動。一般說來所謂技術其範圍可涵蓋人類生活的全部。人類生活的全部領域也實在過於廣泛，所以古自亞里斯多德、康德、黑格爾，以至現

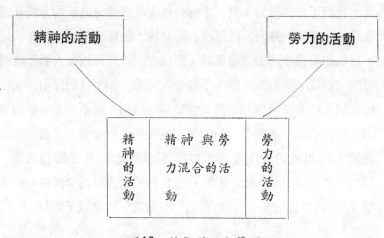

圖12　技術的活動範圍

代的學者，曾試圖在精神領域的心靈中濾出較具體的知性技術、理性技術、判斷技術，而將情意的認知、意識的、宗教的、道德的世界予以分離，也就是留下來科學的技術。至於勞力的活動從生活觀點看來，不外生產或服務技術，不管科學的技術（精神活動領域）或生產服務的技術（勞力活動領域），都是人類要把理論拿來實踐的技術。例如測量土地的技術，你可以叫它爲測量員的服務技術，也可以說是幾何學的理論實踐技術，電冰箱製造的技術，也就是電學應用的技術，機械生產技術或化學生產技術等於自然科學原理的實踐技術。醫師的治病是醫學原理的實踐技術，法官治罪是法學原理的實踐技術，行政官的治政是行政學的實踐技術，畫家治畫是藝術，作家的著作是文學的實踐技術，百

工的勞作是生產服務原理的實踐，於此可見無實踐的行動就沒有技術的世界。（參看圖 11, 12, 13）

圖13　技術的範圍

　　最後談到技術的本質，前面談了技術的領域，差不多已經涉及技術的本質，技術是理論的實踐方法，例如我們講科技就是科學技術，這是不正確的，因為科技只是實踐自然科學原理的技術而已，社會科學理論的實踐技術還不算在科技的範圍內。鍊鋼、造船、供電是科技，國會改造則是應用社會科學理論到國會去實踐改革的行動，是社會科學技術，但不是俗稱的科技。這裏科技並稱，是否科學與技術相連不分呢？依康德的說法，技術與科學是嚴然不同的，兩者界線分明，技術不是科學，科學原是自然存在的原理，技術是將科學原理拿來應用把它實踐的活動，所以技術的第一個本質是離不開人的生活，人類為生活的需要，發展種種技術，來克服生存的困難，改善生活，直到文明的昇華境界。技術的第二個本質是人的技藝發揮和補強，例如人的叫聲傳不到遠處，便發明無線電來傳音，例如人的勞力不大，藉機械來加強，

人不能飛，藉飛機而飛等。第三就是自然的利用——天工開物或生產技術。第四就是勞動，無論是勞心的或勞力的，都與技術有關。第五就是實踐，沒有實踐就沒有技術，而要能够實踐的東西必定要有科學的原理，所以技術與科學不同，但關連着分不開。我們探討技術的領域和本質，才能清楚地了解技術教育應該做些什麼。是則技術教育應有的看法，作者認爲：

第一、技術教育是生活全體的教育，與生活有關的教育都是技術教育的範疇。有生活教育就有技術教育，這一點目前我國教育理論的實踐就沒有做到，作者曾在教育部技職司工作時，同仁之間並沒有如此認知，後來調在國教司工作，也一直未曾聽說過技術教育是否涉及生活全體的教育。

第二、技術教育是全人教育，技術的原型就是人的活動，所以從幼兒教育、小學教育、中學教育、高等教育、成人教育終身教育，都要考慮給予人的技術教育。

第三、技術教育是實踐或應用科學原理的教育。科學原理包括自然科學與社會科學，自然科學與社會科學存在的原理，要如何實踐，如何應用，使之成爲有用的東西，這要靠技術教育的力量，因此整個課程體系，要考慮到技術教育的問題，也就是原理的實踐問題應全面納入課程。

第四、技術教育是勞動生產服務的教育。百工勞作需要養成一些熟練的技巧或方法，這要以教育的力量來養成。所以技術教育的場所不但包括學校，工廠、家庭、社會、坊閭、街頭、海洋、山林、牧場……無所不在的技術修練場，教育者要善加利用。學習者也要善加利用。

科學和技術教育與未來人類的需要

科學和技術的倫理與社會責任──生態學的思考之（一）

　　再過幾年人類便要進入二十一世紀，二十一世紀的人類將面臨什麼樣的問題？　人類需要什麼能力來解決這些問題呢？　縱然二○世紀人類的科學與技術有　很大的成就，　登上月球，　飛入太空，到達星際，但未來二十一世紀還是存在下列幾項問題：

1. 人口問題
2. 糧食問題
3. 飢餓與營養不均的問題
4. 健康醫療問題
5. 能源問題
6. 資源問題
7. 資訊問題
8. 國土利用問題
9. 環境問題
10. 生存問題

上列各項問題當中都有關聯性，而以人類的環境保護與生存問題為終結。二○世紀人類挾科技之發達，解決了經濟發展與工商建設，但將人類賴以生存的環境予以破壞，如果二十一世紀的人類科技再照二○世紀的思考模式進行，很可能會導致環境的破壞與毀滅，所以二十一世紀的科學家與技術人員的倫理與責任，應努力負起環境保護的責任，如果人類把自己賴以生存的環境繼續以科技來破壞，　則人類將走進最不幸的時代，　生態學家曾經預言

地球上的人類時代將與恐龍時代一樣在地球上消失，因為人類發展驚人的科技，已一步一步地在破壞人類生存的環境，當適合於人類生存的環境被人類自毀之後，人類便要退出地球，而在地球上消失。所以聰明的人類，而今而後，當知重新思考科技的發展與應用問題。從今起人類如要應用科技便要接受生態學的原理，來指導人類朝向挽救地球環境的科技發展。到目前為止自然科學與社會科學都以發展經濟的思考模式鼓舞科學家與技術人員從事有利於經濟發展的科技。有利於經濟發展的科技，則必有害於生態平衡的環境，所以最近的趨勢，有經濟發展與環境維護並重的作法，而想要走環境影響評估 (Environment Inpact Assecement) 的路線來解決，這是生態學家想出來的方法，是一套新的環境保護技術，但是另一些生態學家還是認為環境評估只是延緩環境破壞而已，並沒有徹底防止環境破壞，他們認為人類的知慧還不能接受停止經濟發展的要求，那就只好以延緩環境破壞的方法來拖延人類自毀的時程❹。

　　如果人類能夠做到拖延自毀的時程，那麼其拖延的時間越長越好，這是相對比例的問題，要拖延環境破壞的時間，就要減少經濟成長和加強環境保護的科技，要減少經濟成長，注重環境保護便會妨礙賺錢，是人類好利本性的大敵，所以不容易做到理想的境界。這便要依賴教育的力量從頭教好科技的倫理，培養人們新的責任感，這個教育就是生態學導向的科技教育。生態學導向的科學與技術教育成功了，所有科學家與技術人員內心存有維護生存環境的概念，人類才能逐漸減低經濟成長的慾望，變化氣質轉向注重生態維護的心願，如此人類自毀的時程才會拖長，人類

也才不會很快地從地球上消失。

正當的科學和技術教育──生態學的思考之（二）

增進社會與經濟的發展，需要從頭考量以那一種正當的科學與技術教育來達成。站在生態學的思考，那需要一種教育來帶動社會不再像二〇世紀七十年代以前的犧牲環境以發展經濟的想法，而能合理的利用地球資源，以求得持續的生態平衡的發展。

一個既能維護環境又能使社會持續發展的科學與技術教育，並不容易做到，因為向來科技的發展，莫不過度使用地球資源，導致環境的惡化與破壞，來從事發展社會經濟。1972年聯合國在史多哥爾模（Stockholm）召開人類環境會議使得人類發生一種環境的覺醒（public awareness），這個人類的覺醒，不只導致全世界性的推展環境教育，同時也導正科學與技術教育轉向生態學的思考而有維護環境的心願，這麼一來像過去發展經濟的科技教育發生的偏差，也能修正以求其適當性。地球上的人類當前面臨的人口問題、糧食問題、營養問題、醫療問題、能源問題、資源問題、國土利用問題、環境問題等等都與人類的生存有關，就以糧食問題之解決方法來說，如果站在經濟發展的思考。則不外從農機、農藥、肥料、品種、灌溉、配銷、製造等方面尋求技術來達到解決糧食的目的，其中農業機械化可以省人力，大量的耕作，符合經濟原理，但農機作業不適合小型的自耕農業，必定要改為大型的農場經營型態，農業社會生態也會因此起變化，農民的生存適應受農業社會生態影響也會發生變動，變動的結果可能造成整個大社會的生態平衡問題，所以農業機械化的技術改革，不能完全聽命於經濟學的原理，尚須進一步從生態學的原理來考

量。再以使用農藥來 防止蟲害或草害來看，美國最早開發ＤＤＴ
殺蟲劑作爲農藥後，造成的公害由卡遜女士著述 "死靜的春天"
一書予以披露後， 甘乃迪總統立即下令禁止生產 ＤＤＴ 予以根
絕後患，ＤＤＴ農藥的使用方法係以飛機從空中噴灑下來，爲害
至鉅， 後來農藥改用人工地面噴灑的方法， 廠商生產某種劇毒
的藥劑， 雖能達到殺蟲的目的， 但製造廠的污染公害及農產品
的殘留毒素對人都有危害，對環境、生態保育也有危害，使生態
學家不安（也是人人不安的事）。肥料使用，雖能達到增產與衞
生的目的，但肥料係化學製品，施肥後，農作物直接吸收，一時
吸收不了的剩餘肥素，會被雨水沖流進入河道，造成河流的優氧
化，而污染水源，也影響環境生態。灌漑的水庫建築，是巨大的
環境改造，是否破壞生態環境，也需審愼評估。談到糧食分配銷
售問題，日本人從經濟的觀點認爲生產一部好汽車，可以換回很
多的麵粉，所以寧願發展工業而將糧食需求依賴外國進口，從生
態學觀點看來，日本人的糧食依賴外國，其生存問題也值得顧慮。
其他如人口方面，醫療方面、能源方面、國土利用方面，各個層
面都一樣衍生許多問題，此處不便繁贅，總之，未來解決人類生
存需要的問題，仍需仰賴科技，但什麼樣的科學技術才是正當的
科技，便需要有新的思考，這種新思考必須歸結到人類需要生存
的環境問題，所以生態學的思考，是幫助科技正當發展的一道指
標。那麼將來正當的科技教育，當然要依據生態學的思考來決定
❺。

引用文獻：

① 碧海純一、石本新、大森莊藏、澤田允茂、吉田夏彥共論：科學時代の哲學 I ，論理、科學、哲學，3.自然科學の社會科學， p. 203-258 日本東京，培風館。

② 三枝博音著：技術の哲學，日本岩波全書。

③ 同②書，p. 130-143 技術のモメント。

④ 參看下列各書：

1. J. L. Lewis. P. J. Kelly: Science and Technology Education a nd Future Human Needs. Published for the ICSU PRESS by Pergamon Press. V1.

2. M. J. Frazer. A. Kornhauser. : Ethics and Social Responsibility in Science Education. V2.

3. D. J. Waddington: Education, Industry & Technology. V3.

4. Norman J. Graves. : Land, Water and Mineral Resources in Science Education. V4.

5. P. J. Kelly. J. L. Lewis: Education and Health. V5.

6. A. N. Rao. : Food, Agricuture and Education. V6.

7. D. F. Kirwan. : Energy Resources in Science Education. V7.

8. A. V. Baez. G. W. Knamiller. J. C. Smyth: The

Environment and Science and Technology Education. V8.

9.Charles Taylor.: Science Education and Information Transfer. V9,

⑤ 參看註④所列各書。

五 生態學的思考與職業教育

　　談到職業教育，一般人會直覺以為就是職業學校的教育。職業學校的教育雖顧名思義為職業教育，但我國的職業學校與高級中學平行，是三年制的高級職業學校，並分為工商農水產海事護理家政等類。這類職業教育，尚有五年制專科學校，二年制三年制專科學校，以至大學也同樣有這些科系，所以職業教育如果單純指高級職業學校的教育，則有欠周延，本文要討論的職業教育不是指職業學校的教育，而是針對一個國民準備從事職業生活所需要的教育。

　　任何人都需要一份正當的職業（或工作），以謀生活的安定，所以社會上人人都希望找到一份職業（或工作），要想找到適當的職業，那要看你有無工作的能力，如果身懷農業技藝，就便於從事農業工作，身懷工藝，就便於謀得工業方面的工作。造橋築路需要土木工人，學會土木工技者就可應徵造橋的技工。這樣看來，職業教育是應個人需要準備就業和社會需要人材的情形下發生的。其模式為：（圖14）

個人需要求職 ⟶ 職業教育 ⟵ 社會需要求材

圖14　職業教育發生的模式

個人準備就業需要接受職業教育，所以有求於職業教育，社會需要人材，也有需要職業教育。社會需要人材的種類很多，自古就有 360 行的說法。現行內政部的職業分類有幾千種。職業教育要充分應付社會需要，開設這麼多種職業科別，是不可能的事，所以政府辦理職業教育，只能分別從服務事業或生產製造事業兩方面著手，選擇較具技術性之職業設置學校來培養一些半技術性人才與技術性人才，其餘的就由普通教育提供一些素材，再由各行各業自行就其需求技術予以職前與在職之教育訓練，以解決人材需求。因此所謂職業教育，範圍包括國民的就業準備教育，與技術人才教育、就業後的在職教育等三大要項。

國民的就業準備教育

教育的生態與職業準備教育

談到國民的就業準備，我們首先要從人類的生態與職業生活的現象來考察。人類的文明發展，各國都已建立了國民教育制度，使所有的國民都有義務和權利接受國民教育，這個國民教育制度成為任何人必經的過程，也可以說它是人類生態的發展的一項，所以國民的就業準備教育而言，國民教育的階段極為重要。臺灣地區的國民教育，最重要的國民訓練，就是令國民服從（馴服）和機械化（呆板）和熟練化（不必再思考）。國民小學的教師，必定是要求學生一個生字寫二行或三行，這就生機械化的訓練，這個訓練的效果，學生乖乖的寫同樣的字二行或三行，馴良的個性就此養成，熟練的手技操作也養成，這樣教育起來的國民最適合於加工出口區勞力密集的操作，所以臺灣的加工工業會有

那麼大的成就，要歸功於國民小學的敎師。國民中學的敎師爲應付升學敎育，升學方法是聯考，應付聯考，敎師要訓練學生應付考試的方法，那就是將敎科書的內容逐字不漏地死背起來，同時要經過一次又一次的測驗練習，練習到一看題目，不必思考就知道答案，也就是熟練化，至於內容的好壞，那是敎科書上寫的，不能懷疑，只要接受就有分數，所以國民中學敎育的主流還是在於訓練國民的服從和機械化熟練化，這對於提供整個社會上發展經濟的工業人才，可以說做好最適當的準備，因爲我們的工業是走勞力密集的加工出口工業，社會上需要大量具備馴服的、呆板的、和熟練的人力素材，以應勞力密集的加工操作需要。此時臺灣的敎育生態，正具備醞育這種人力素材的環境，所以兩相配合，成爲極佳拍檔，而在加工工業上有了極大的成就①。

　　其次就是國中以後的職業準備敎育，國中以後敎育開始分化爲高級中等學校、高級職業學校和五年制專科學校，其中高級職業學校與五年專制科學校已屬正式的職業敎育範圍，由敎育部的技術職業敎育司主管，技術職業敎育部分，留後討論，至於高級中等學校敎育，形式上旣像普通敎育又像大學的預備敎育，但高級中學無論從什麼角度看都不是職業敎育，高級中學畢業生的出路是升學大學或三專，或就業。升學的成功則其職業敎育由大學

①　作者任職敎育部國民敎育司科長期間，每年與行政院靑年輔導委員會、經濟部工業局、內政部勞工司等單位巡廻全省各地訪問國中畢業生就業後的工作狀況，拜訪過多處中日合作投資的工廠，據日本人告稱：他們同樣的工廠設在中南美，設在南洋馬來西亞、菲律賓，發現那裏的工人沒有一個比臺灣更好的，卽使星加坡華人也是一樣，操作工沒有臺灣的國中生這麼優秀。由此可證明，臺灣地區的國民敎育，最有助益於加工工業的人才培育。

或三年制專科學校負責，升學失敗，則其職業技術的培養，便大
有問題，他們有的自己找工作，然後在工作中學習他的行業知
能，有的先參加就業輔導機構的職業訓練，然後輔導就業，因爲
高級中學的畢業生有很多升學失敗，失敗原因是大學不開放，招
生人數有限，每年有一定的淘汰比率，並不是高中的教育失敗，
如果高中是大學的預備學校，則應由大學附設，大學有多少容量
就招收多少高中生，使高中生都能升上去，但現在形式上高中是
準備升大學的教育，而大學又不負責吸收那麼多的高中生，所以
有那麼多的高中生升不上大學。到處的升大學補習班應時產生，
他們在升學失敗遭受挫折之後再奮發，擠大學之門，萬一再失
敗，其挫折感更深，那是社會問題，非本文所關此處不討論。找
工作求生活是人生大事，整個教育系統，應該就是爲國民的就業
做準備的教育，我們已有許多高中兼辦職業類科，讓不大可能升
上大學的高中生轉入職業類科的系統，這是一個補救方法，美國
的高中因爲不納入高等教育系統，所以只好辦綜合高中，我國高
中未納入高等教育系統，所以也要考慮升學與就業的需要。

　　整個教育系統都是爲國民的就業準備而教育，國民教育階段
首先培育了操作工的素材，高級中等教育階段在此素材的基礎上
進行分化的技術教育專業教育。由於我們的教育生態環境，適合
於培養馴良的機械的和熟練的操作工素材，所以對於加工工業極
有幫助，今後如果要再進一步朝向技術密集的工業發展，則必須
要從教育的生態改變著手，在教育上培育思考的、靈活的、創造
的人力素材，這樣才能帶動勞力密集轉向技術密集的工業。這要
從生態學來思考教育的體制與課程教材教法的變革問題。

技術人才教育

有一所高級商業職業學校，發生下列的教育問題爭論。爭論的關鍵是：

> 該校廣告設計科的某生，連續考試作弊，依校規應予退學。該生對於歷史地理等科考試，不擅於背記，而擅於作成挾帶，考試時照抄。監考是教官，捉到了學生抄挾帶，依校規報請處分，該生已有前科，再處分就要退學了。導師認為該生富藝術與設計思考創造力，是優秀之才，極力阿護、奔走，希望學校網開一面。最後，本案提到會議公開討論，研討時，多數教師認為學生應該讀熟教科書內容，考試時就所熟讀多少，作成答案，不熟讀教科書，答不出答案者，沒有成績，作弊以求成績是詐欺行為，應予處罰，該退學就退學，不應姑息，或同情。這樣校規才能維持，制度才能健全。

> 但是導師堅信該生為廣告設計方面可造就之人才，他的造形創造創意非一般人所能及，如果以歷史科考試挾帶作弊而退學，恐非教育之良策。校長與主任對於導師的見解，站在教育觀點，予以認同，想要網開一面，但遭到多數教師的反對。多數教師認為創校以來沒有縱容作弊的先例，應依往例處分，予以退學。

這個爭論的關鍵是"要不要培養一個技術人才"？多數教師是在傳統的教育思想體系下成長的，認為傳統的考試制度是正當的，學生符合考試制度要求者可以教育他，使他畢業，不能符合考試制度要求者，退學他。至於是否能成為一個優秀技術人才，

則無關緊要。維護現行的考試制度，重於培育技術人才，這恐怕是今天多數教師的觀念問題。今天多數教師的觀念停滯在舊的教育思想範疇（連教育評價的觀念亦有欠缺），則教育容易被封閉在傳統的考試制度內，蘊育出來的是一批操作的機械的馴服的工業素材，如此則工業轉型談何容易，技術本位的人才從何而來。從生態學的思考來論技術人才教育，才能注意到教育的生態環境與人才的遷演(Succsesion) 問題，改變教育的生態環境，才能使工業轉型，這是教育生態學的看法。

　　資本密集、技術密集的社會裏，人人需要頭腦靈活、有創造力，注重技術本位，不是勞力操作本位，這需要教育提供富有創造力思考力的職業素材，而教育的生態環境是否已轉變到蘊育創造力、思考力的教育環境，是最重要的條件。此處所謂教育生態環境，乃包括整個教育體系內內的小學，國民中學、高級中學、高級職業學校，五專二專三專大學等整個教育系統內的教師學生以及支持教育體系的社會，都是這個教育生態系統範圍，缺乏了這麼一個生態系統的教育環境，就很難產生新的人才資質。而生態系統的變遷，是從大環境的變動開始，影響到環境內的有關係的生物全體（即教師學生、家長、社會人士等）發生質量變化，而後逐步出現更多的靈活的有創造力的人才，如此，技術密集的工業社會才能形成。

　　勞力密集的技術人才教育，是以馴良的機械化的操作工培養為基礎，技術密集的人才教育，則以創造的，靈活應變的，有活力的技術員為主，這不是只有大學階段的自由教育就能培養得起來，而是要從小學開始就注重創造性、智慧性的教育模式，像現

行的升學主義教育，呆板化機械化的暗記背誦熟練考試題的教學
方式是培養不起來的。技術密集的職業生態，要有適合於技術生
態的教育系統這是職業教育的生態學思考應有之答案。

技術羣集與教育

生態學從另一個角度來看，有個體生態學與羣集生態學之
分。前面說的技術人才究偏向於勞力密集的技術人才或偏向於技
術密集的人才，是屬於個體生態的看法，如果很多很多的個體在
一起的生態現象則又屬於羣集的生態現象了。當眾多的有技術人
才的個體在一起的時候，就成技術羣集。作者有一次因母親心臟
病住進醫院，這家醫院有數千個員工在一起為病患服務，當作者
在病院裏照顧病患時時也和醫院裏的醫護人員，送飯點的工人，
清潔病房的工人，負責檢驗的技師，藥房的配藥師，收費的職員
等各職種的人員接觸，發現醫院內上上下下，以不同的職務分
擔，集合起來替病人服務，成為一個完整的醫療技術職業的羣
集。醫師治療一個病患，需要很多相關技術人才的配合，這些做
不同工作的工作人員，所做的工作都與醫療技術有關，只是分工
進行而已，這樣集合而成專門技術，是今日人類職業生態現象之
一。如果我們細觀醫院的生態系統，則此一生態系統包括了病
人、病人家屬（這是屬於生態系統內之生產者），其次是醫院裏
的工作人員包括醫師護士技師工友職員等（這是屬於生態系統內
之消費者），再者病人醫好後回去健康的人羣裏繼續過正常生活
（這是屬於生態系統內的還元者），如圖15所示，有社會上的人
羣，有家庭，有病患然後才發生醫院的需要。醫院的技術，由此
發生；醫院裏就業的人力，由此而來。這些人需要具備相當的技

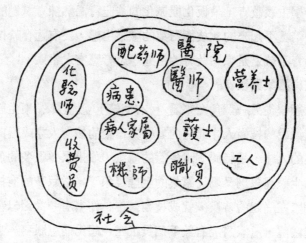

圖15　醫院的生態系統

術職業知能，所以醫療的職業教育系統也就發生了。這個醫院的
生態系統也相對的要求醫療的職業教育生態系統、醫療技術職業
的羣集化，也要求醫療技術職業教育的羣集化，所以未來的醫療
職業教育系統，可能設醫療大學，內有診病的專門教育，有物理
機器的專門教育，有藥理化學製造的專門教育，有營養調製的專
門教育、有生理看護的專門教育、有復健理療的專門教育、有醫
院管理維護的專門教育、有醫療成本分析的專門教育等等，其中
有的需要七年的專門教育，有的需要五年的專門教育，有的需要
三年或二年的專門教育，而且大學與醫院要合起來辦，使之更符
生態原理。這也是從生態學上可預見的技術職業羣集化的職業教
育趨勢，從生態學來思考教育方法，就會有新的構想，反之如果
教育的思想界沒有新的生態學思考出現，便不會有什麼突破性發
展。

職業的生態與職業教育

前述醫院的技術羣集已提到職業人（從業人員）的個體生態與羣集生態。職業人的個體生態或羣體生態合併起來可以看出職業生態的現象。生態學的原典是研究生物與生物之間與生物與其所處的環境之間的關係的科學。人類生態學則是研究人與人及其生存環境之間的關係的科學，所以職業的生態學係指職業人與職業人之間及其工作環境之關係的科學。人類也是生物的一員，人的生態學必也來自生物學的園地，人的環境尤其職業人的生存環境更與社會環境離不開關係。所以職業的生態學必定可在社會學裏探索衍發出來的。社會學理論與職業人關係較爲密切的有下列幾項：

1. 結構功能論。
2. 交換理論。
3. 衝突理論。

本文就以上列三方面的問題來探討怎樣培養一個職業人，以適應職業環境的需要。

社會的結構功能與職業教育

現代社會學理論有一派結構功能論 (Structural Functionalism)，其勢力頗爲強盛。此說承襲古典社會學家孔德 (Auguste Comte)斯賓塞、(Herbert Spencer)、涂爾幹(Emile Durkheim)、偉伯(Max Weber) 等人，而匯成現代社會學理論的一大流派於哈佛大學，並由帕森斯 (Talcott Parsons) 總其成❶。結構功能論，由結構(structual)和功能(Functional) 兩字組成，實則也可

簡稱爲結構論或稱功能論，當我們說到社會結構時不必提到功能也自然會想到它有一定的功能，反之當我們說到社會功能時，也一定會想到社會的結構。雖然古典社會學者孔德、斯賓塞、涂爾幹、偉伯等人在他們的社會學著作中已有社會生命體制、社會構造化、社會制度、社會功能等概念發生，但古典社會學卻沒有像帕森斯那樣採用力學分析的方法論來探討社會的構造功能，所以一般人認爲帕森斯的結構功能論是現代的社會學❷。要說明結構功能論的由來變遷與詳細的原理，在此因限於篇幅，不能完全，概要地說：結構功能論者是採用力學分析方法分析社會體制的五個構造要件 (componnents) 爲：

1.角色分配的結構。

2.連帶的結構。

3.經濟分配的結構。

4.政治分配的結構。

5.統合與表現的結構。

構造功能論者認爲上列五個結構的形成，會發生下列十個功能：

1.滿足各成員的生物學的欲求。

2.角色的分化與分配。

3.溝通。

4.共同的認知導向。

5.共有的目標追求。

6.選擇手段的規制。

7.感情表現的規制。

8.社會化。

9.分裂行為的統制。

10.制度化。

而結構功能論者便是努力探索如何達成最好的構造，來產生最好的功能。例如一個公司要怎樣組織才能保證生態的發展與不敗之地，則可循上列五個結構要件：角色分配的構造、連帶（關係的構造、經濟（利益）分配的構造、政治（權力）分配的構造、統合與表現的構造等因素尋求最好的結構力學，來達成：滿足各成員的欲求、扮演各人的角色、良好的溝通、共同的認知、共同的目標追求、利用最妥適的手段、大家協調融洽、有制度化、沒有衝突摩擦等組織功能，使本公司有發展而處於不敗之地。社會、國家的組織也是一樣，能使一個國家的構造要件更好，發揮功能的優點，則此一國家是健全的。構造功能論者就是要告訴世人這個原理，並探索其中什麼是好的構造，好的功能，以供世人瞭解他個人在組織的體制內應該如何做，也知道要求別人如何做，以期符合構造功能的原理，使這個社會更為進步更為和協。

職業人就是社會組織結構內的一分子，培育一個職業人，應訓練他具備工作上的技藝能力外，還需培養他在結構內扮演分配給他的角色，使他在這結構體內發揮應有的功能。這是今後職業教育的重要目標之一。但過去我們都未注意到這方面的職前教育。

社會的交換行為與職業教育

社會學的交換理論認為人類行為的出發點（原典）就是為了交換。山地人拜天是為祈求天神保佑他平安，這是以拜天來交換平安；一個悲傷的人自殺，是以死來交換無限的痛心；一個女子

嫁給郎君，是以身世來交換幸福；一個勞工為僱主工作，是以勞力交換薪津；這和付出金錢買衣服是一樣的道理。人類願意付出什麼，就是為交換什麼，相對地人類要獲得什麼就要付出什麼。

　　社會交換理論 (Social exchange theory) 是哈佛大學的何曼史 (George Homans) 教授所創。何曼史的父親是資本家，工廠老闆，僱用很多的工人，在他年輕時馬克斯的理論傳入美國，資本家剝削勞工的說法在美國引起很大的震撼，困擾著何曼史，他想著：他父親是資本家擁有那麼多的員工，每一個員工對他父親都是必恭必敬，他的父親給員工們待遇福利，他的父親是剝削勞工嗎？勞工真的被他父親剝削嗎？這個問題一直使他想不開，得不到確切的結論，甚至他在二次大戰期間服海軍役時在戰爭中也在想這個問題，戰後復員，他回到哈佛研究社會學，領教帕森斯的結構功能論，對於他想解開的迷惑——資本家是否剝削勞動者乙節仍然不得其解，社會確實有組織有結構，人人在社會結構中扮演他的角色，發生了社會的機能，但是何曼史認為社會的結構，角色功能只是形式外在的構造功用，社會的功能表現在每一個社會成員的行動過程，從社會成員的行動過程中，何曼史看到交換的原理才是社會行動的根源，社會的基本過程(fundamental Social process)，在於交換的行動❹。何曼史研究社會行動是採用嚴密的科學方法。採用史金納 (B. F. Skinner) 的行為主義心理學方法調查分析人的行為反應，證明他假設的命題，完成他社會學的交換理論❺。交換理論的根本所在，乃是人性回復的理論，社會的結構功能不是靠外在的形式架構，更不是強制的角色分配就能調順扮演社會化的圖象，社會是透過人的行動過程而有

實象，人的行動乃是基於人性的需要，血脈拍動的活生生的個
人，時則為生活（利益）而行動，時則為愛情而行動，時則為正
義（公平）而行動，時則為理想而行動，其行動的出發點在於目
的的交換。人類在他的行動中付出的努力（勞力、心力），有的
是為麵包，有的是為使人尊敬或愛情，而人不只是為麵包而付
出，他一樣為名譽而付出，也會為受人尊敬而努力，更有為正義
而赴湯蹈火。在職場工作的職業人，也是一樣，他不只是為薪水
而工作，他更為榮譽而工作，為同仁的愛護尊敬而工作。組織結
構裏的每一個成員，是為交換而行動，身為工廠裏的一個操作
員，想要獲得什麼，就要知道應該付出什麼，這是交換的原理，
我們在教育一個職業人的時候，除了訓練他工作的技藝外，更
重要的一點就是教育他使之了解應該付出什麼才能獲得什麼的道
理，如此才能成為優秀的職業人。這也是今日職業教育的重要目
標之一，也是被我們疏忽的一項職業教育。

社會的衝突行為與職業教育

社會靠緊密而有功能的組織來運作，是無可否認的事實。社
會組織體內的個人，扮演其角色，使組織發生功能，而其行動的
原典則基於利益的交換，這也是無可否認的事實。但是做為一個
職業人，在組織的機構內擔任一份職務，扮演他的角色功能，獲
得一份報酬，仍然無法避免角色的衝突或利益的衝突。社會學家
承認衝突是現代社會所不能避免的現象，所以衝突理論(Conflict
Theory)在現代社會學站著很重要的地位❻。

古典的衝突理論源於馬克斯的資本論，其基本概念與黑格爾
(Gerog Hegel)的看法對立，黑格爾認為思想和意識是領導社會

變遷的因素，也就是唯心論，馬克斯認為思想僅是物質的反映，因此物質力量才是決定歷史過程的因素，也就是唯物論。從這個觀點推論到社會變遷的主要原因，乃是在於經濟因素的改變。所以他在資本論裏強調勞動力本身是一種商品，資本家的利潤最主要的是靠剝削勞工而來的 。 資產階級必須 剝削無產階級以謀利潤，階級間的衝突，乃是無可避免。

前面介紹過帕森斯(Talcott Parsons) 的結構功能論 (structural functionalism) 認為組織結 構的完善和角色分配 結構的合理，是社會進化的功能所在，可以消除馬克斯的衝突與鬥爭的看法 。 也介紹了何曼斯 (George Homans) 的交換理論 (social exchange theory)，認為社會上的每一個成員，行動的原典在於利益的交換，而不是像馬克斯所說的衝突與剝削。馬克斯所謂的衝突是社會的病態 ， 在資本主義社會由於民主潮的激盪 ， 社會的衝突已不致於像馬克斯所預料的那樣走向經濟制度的毀滅或革命暴動，推翻整個資本主義社會，這也是由於資本主義社會學有了應付衝突的方法 。 社會的衝突是在 社會過程中無可避免的事實，那麼衝突究竟是引發破壞性的革命或引發社會功能的調整而亦有建設性呢？這一點在古典的衝突理論如馬克斯之流，即認為衝突之下資本階級與勞動階級會對立鬥爭，最後引發革命，資本主義破滅 。 但在現代衝突理論則認 為衝突對社會有建設性的效果，所以在美國有一派衝突功能論 (functional conflict theory) 出現 ， 以柯塞 (Lewis A. Coser) 為主， 從不同的角度來 "輔助" 功能學派對社會變遷的解釋不足，柯塞認為社會體系內每一部門都是相互關聯的，（這一點很近於功能論的基本觀念），但

是在每一部門的相互關聯的結構裏面，一定會有緊張、失衡、與利益衝突等現象，不同的社會部門的操作，運行方式與過程是不會一致的，因爲各部門對社會體系的整合適應程度是不一致的，社會整體內各部門間的失調，必導致各色各樣的衝突，此等衝突會引起社會的重組，增強適應彈性，用以解決社會變遷等問題。社會衝突的主要原因，是因爲社會的正當性的撤離 (The with-drowal of Legitimacy)❼。例如社會報酬的不均衡分配，便是衝突的起因，一個職業人在他的職業生活系統裏面，會遇到不合理不平衡的現象，職位升遷的不正當性，待遇的不正當性，角色上被指揮役使的不正當性，便是導致勞工運動的原因。衝突可能導致新行爲模式或新社會制度之產生。經濟史上可看出工業科技的高度發展原因之一，乃是勞資雙方工資工時問題衝突的結果。因爲工人要得越高，資本家就起來極力想法改進設備與生產技術以代替工人。衝突的功能並不全是破壞性的，而是破壞與建設兩者兼具，衝突是社會互動過程之一，社會的過程中要注意的是個人與團體間的一致性的重要。培養一個職業人，除了教他應具備就業的基本技藝之外，他在就業的人生過程中，難免遭遇到角色的衝突、利益的衝突，而對於職業生活感到不快樂，如此則做爲職業人便成爲痛苦的人生，站在教育的立場，我們不希望送出一個畢業生輔導他去就業，已經就把他送入痛苦的職業環境裏，所以我們在教育一個職業人時，要教導他了解工作中發生衝突的原因與可能性，並且要教導職業人面對衝突的情況要怎樣認知和行動，才能爲自己和爲團體的進步發生正面的功能。

　　社會的基本形式並非全是純淨的，每一個社會現象都包含有

合作與衝突、親近與隔離、強權與服從等相對關係。社會與個人之間，常常同時是合作性的，也同時是衝突性的，一個職業人，常常是一方面爲就業的機構而生存，但在另一方面則又與服務的機構相敵對，職業人一方面尋求與就業的機構融洽相處，一方面又尋求自己的利益，這就是職業人的職業生態。我們從職業人的生態來思考職業教育的問題，便必須教育他們懂得適應衝突的職業生活。這也是今日職業教育的重要目標之一，解嚴後的勞工運動已陸續的出現，我們不能再疏忽這方面的職業教育了。

引用文獻：

① Talcott Parsons: The social System, the magor Exposition of the Author's Conceptual Scheme for the Analysis of the Dynamics of the Social System, Macmillan company, 1951.

② George Ritzer: Sociological Theory, by A Lfred A. Knopt. Inc, New York, 1983.

③ Rutha. Wallace ALison Wolt: Contempory Sociological Theory, by Prentice-Hall Inc, Engle wood Cliffs. N. J, 1980.

④ Geoge C. Homans: Social Behavior: Its Elementery Forms, by Harcout Brace J & vanovich Inc, New York, 1961.

⑤ 蔡文輝著：社會學理論，第六章，交換學派，三民書

　　局。

⑥　Ian Craib Modern Social theory From Parsons to Habermas.

⑦　同⑤書，第五章

六 生態學的思考與終身教育

人類的生態與終身教育

階段化教育與終身化教育

人生活到老學到老，教育本來就是終身不斷接受的事，由於近代學校教育發達，人民在國家的教育制度裏，適應了階段性的教育之後，反而忘記了終身的教育本質。

階段教育是近代學校教育制度的表徵，幼稚園、小學、初中、高中、專科、大學、研究所，隨年齡增長，教育程度逐段升高，在嚴密的制度控制與課程安排之下，受教育者，經以考試決定其升級或留級，再以考試決定其升學或不能升學，於是學校把階段性教育功能發揮出來，凡進學校受教育者，只有在學校裏適應其某一階段的學校教育，學校只知把它負責階段的課程傳授給學生，尤其是升學考試制度嚴格的社會，上級學校招生考試命題時必須依據下級學校的課程，所以像臺灣的國民中學及高級中學，便要將該階段的教材反複地熟習，部分升學明星學校，甚至利用暑假提前教學下年度的新教材，而把很長的授課期程拿來做複習考試之用，像這樣的教育，只有學校才有可能實施，因此學校教育把升學教育的功能發揮到最高點，而這個功效又是階段性

教育功能的最大表徵，所以在臺灣地區，幾乎沒有學校理會什麼是終身教育。

　　然而教育的本質是與生命同在的，也就是終身的教育，所以從生態學的觀點來看教育制度，則教育應使之終身化，而不是像現在的階段化教育。 階段化教育制度， 是存在於半民主、 半自由、半封建的轉型期社會裏。人們從專制封建的社會向民主自由的社會轉化的過程中，為求政治經濟的民主化，一方面為爭取民權，一方面為建立新的政治體制，已經疲於奔命，一時還想不到教育權的問題，再者像臺灣實施的聯考制度，利用人類的競爭與通過考驗的人性弱點，讓年輕學子與家長們擠上這條升學競爭的跑道。因為整個社會還在半封建半民主的社會轉型期，階段意識仍然存在，人心對於國中畢業級、高中（職）畢業級、專科畢業級、大學畢業級等階級意識仍感興趣，所以家長看他的子弟在升學競爭中上升一個階級時，仍有階級的滿足感。由於這樣，階段化的教育便與這半封建的社會並存著。封建性格越明顯的社會，階段化的教育功能就越顯得重要，教育制度在這種社會裏扮演著篩檢國中階級、高中職階級、專科階級，大學階級的階級分配功能，政府如果要維持封建性格的社會文化，就會在政策上做出維持聯考，控制階級分配的決策，反之政府如果要推行民主開放的社會政策，那就會檢討升學體制的弊害，做出開放教育並淡化階段化教育而轉向注重終身化教育的教育政策。

　　終身教育(permannent Education 或 Life Long Education)係聯合國的 UNESCO 世界成人教 育推進國際 委員會上 主持人Paull Lengrand 所提倡，時在1965年（民國54年），隨卽引起世

界性的廣泛研究探討 並接納此一見解 。 其所以有如 此大的影響力，考其原因，乃是因爲教育是繼續改進人類生活品質的歷程，尤其與新興的文化人類學、教育人類學以及人類生態學、教育生態學的見解一致❶，更與社會學、經濟學的理念相符，心理學、哲學、史學都一致認定終身學習的實像應予制度化的支持，所以終身化教育的理念被全世界所重視❷。終身學習的制度化，需要一套終身教育的政策與推行的方法，有的國家認爲他們的國度仍然需要強調階段化的教育者，這種國家必定把終身教育的理念安放在失學者的社會繼續教育方面，反之有的國家已眞正摸到終身教育的奧義，他們希望教育的自由化、終身化，所以這種國家把終身教育的理念安放在幼兒至成人到老人的全人生的生命歷程中❸。當 UNESCO 向世界各國推展終身教育的時候，聯合國各會員國間 接納的情形 並不一致 ， 自第一次 首倡終身教育的 Paul Lengrand 努力推銷十九年後，由意大利人 ETTORE GELPI 接任，繼任者看清了終身教育與階段教育的眞正差異，所以他發表 Lifelong Education-The Dialectic Between Oppression and Liberration 一書 ， 說明終身教育乃是從傳統的壓抑教育走向自由化教育的途徑❹。教育受政治統制的時代，是屬於壓抑式的教育，壓抑式的教育，最好的統制方法是不讓教育開放自由，不使教育開放自由的方法很多，其中以量的分配來制限人民是最有效的方法。顯著的例子是就是強迫教育以外，不開放學校，而以聯考的方法來篩檢一部分國民升學或一部分國民不要升學。反之，自由化的教育是開放的不限制的，學校是開放的，人民只要有能力有興趣就可以去接受教育，它是多樣化、適性化、終身化的，

人民受教育是感於需要，學校提供教育課程以滿足人民的需要。
政府的眼光是觀看人民受教育對個人對社會、人羣是好是壞，如
果是好的，就盡量提供學校，如果不好的就不提供，好比說辦海
盜學院或妓女學院是不好的，當然不能提供。教育是繼續改進人
類生活品質的歷程，所以教育的功能必然被政府肯定，而政府的
做法一定是會鼓勵人民多受教育，鼓勵人民多受教育，那就要多
方面的開放學校，使教育自由化，教育能自由化，終身化的教
育，才能實現。

終身教育的作法

　　從上述階段化教育與終身化教育的說明中可知終身教育的意
義，不過在我國現階段來說，經濟快速成長，社會急遽變化，人
民的所得增加，勞動時間亦在減縮，壽命延長，健康增進，國民
活力充沛的狀況下正需要實施終身教育的時候，學校卻遭受聯考
壓力。在考試領導教學和升學競試激烈的環境裏，學校教師無力
擺脫升學壓力只好從事升學教育，他們很難考慮如何因應這個變
動的社會而實施終身化的教育方法。我們明智的校長與教師們看
到 "終身教育" 這個名詞，並非不理解它的意義，所以終身教育
的問題是在作法，而不是概念的分析問題。

終身學習的教育功能

　　人類想要發展他自己的能力改進他自己的資質，這是人類學
發現的一個人性特點，這種人性與生具在，所以人只要他有生命
的一天，就會想發展他的資質能力，即使垂老病危的老人在醫
師、護士照顧下殘喘餘生，都還繼續向醫護人員探問生路，學習

保命之道，營商者每天在學習發展他的事業，技藝百工學習改善
他的技能，社會人羣無人無時無刻不在學習適應與改變，敎育人
類學於是說明敎育的角色功能就是敎育人類如何有效地進行終身
學習。

　　所謂終身學習，卽人類爲自我充實或生活向上，能在自發的
意識下，於必要的時候，選擇適合於自己的手段或方法，來進行
學習，這樣的學習因爲它是隨時隨地隨自己的需要在自發的意願
下進行的，所以是終身不斷的學習，而且範圍廣泛多樣，這種學
習就叫做終身學習。而所謂終身敎育，就是從敎育的觀點，考慮
如何發揮敎育的功能，俾利每一個人達到終身學習的目的，那就
是將各種有關連的敎育功能予以整合充實，以便人人達到終身學
習的境界❻。 據此則終身敎育的作法， 是從幼兒到靑少年、 靑
年、成年、中年、老年的整個人生歷程來考量，要做到：

　　㈠自幼兒期起到靑年期的這段期間，是人生的成長過程，要
依其成長狀況，促成每個人心理豐足的發達，培養其有終身自我
形成的慾望，在兒童階段，就要敎他像一個社會人一般地自立起
來。所以——

　　㈡初等敎育階段，就要培養學習意願，使人面對各種事物，
能獨自的思考，樂於自學，力求獨力發展的活潑生動的人生，這
是最重要的。

　　㈢國中、高中階段敎育則宜注重伸長學生的個性與能力，加
強輔導諮商，使靑少年自己選擇適合於自我發展的進路。

　　㈣家庭敎育方面，應切實促進兒童的知能、道德與體能健康
等三方面均衡發達，使兒童在成長階段應獲得的身心潛能都能具

備，這不但身爲父母者應盡的重要工作，政府方面也要考慮一個個文化條件背景不同的家庭，能不能盡到這個責任，所以主管教育行政機關也要考慮如何幫助家庭做好家庭教育，這要從親職教育，和供應參考資料，提供資訊服務，辦理家庭諮商或教育研討等方面來進行協助。

㈤學校教育要讓青少年多了解社會狀況，社會教育機構也要不斷提供學校有關社教資訊，促使青少年社會參與。青少年的社會參與奉獻，應予鼓勵，增進青少年對社會、國家的關心與愛心。

㈥社會教育的種種設施要多樣廣泛充實，體育活動設備休閒場所的開闢等都要能充分供應青少年學生需要，使學校教育、家庭教育、社會教育三者充分配合支援。

㈦高等教育方面，應從終身教育的觀點，考慮將高等教育機會開放給青年成人。空中大學開辦後，各講座影帶應廣佈流傳供應學習需要，大學的推展公開講座，供社會成人學習，正規課程要使社會成人回流進大學選修。

㈧勞動者的在職教育要和學校教育合作，使未就職者到工場學習，已就職者到學校學習。

㈨高年齡者在退休養老時提高精神生活品質，應考慮老年的興趣需要，開設老年需要的休閒課程，尤其休閒健康娛樂方面之教育設施要充分考慮。

㈩從終身教育的觀點和科技發展、文化提升之需要情形來看，學校畢業證書將會失去效用，取代畢業證書的是工作經驗的證明，在職進修的證明，工作實力的證明等等，所以終身修習累

積的學分證明（各種學分）會被僱用機關所重視，機關要看的是
被僱用者的能力證明，而不是畢業證明。這是未來人類生態環境
變遷下必然會發生的現象。

結　　語

　　美國的情形對於像 UNESCO 所倡導推展的終身教育並不重
視，其原因並非美國不理會教育的自由化多樣化與終身化，相反
地美國原本就是一個教育開放的國家，他們成人的回流進入大學
早已普及，所以沒有像 UNESCO 的終身教育負責人 ETTORE
GELPI（第二任）所說的壓抑與開放的辯證法在美國運動。不過
美國雖然教育自由開放，仍然有教育制度僵化的現象，例如義務
教育的學區制，學生沒有選擇學校的自由，而有選擇教育的運
動，又如學校設備與課程安排過於死板，而有脫學校論的出現，
這些也是終身教育的另一個型態。

　　如果終身教育運動，眞的像 ETTORE GELPI 所說的是抑
壓與開放的辯證法，那麼當教育從壓抑的制度走上開放的制度
時，便是終身化教育實現的時刻。而終身化教育制度實現時，也
就是共貧共存的教育生態系統轉換共榮共存的教育生態系統的
時候了。

引用文獻：

① R. H. Dave: Foundations of Life Long Education.
UNESCO Institute for Education.

② Bertrand Schwartz: Permanent Education, 1974 English edition, by Martinus Nijhoff.

③ 日本文部省：生涯教育（中央教育審議會答申），日本大藏省，印刷局出版。

④ ETTORE GELPL Lifelong Education… the Dialectic Between oppression and Liberation. Sogen Social Science Series.

日本譯本，生涯教育——抑壓と解放の辯證法，東京創元社刊印。

⑤ 同③書。

⑥ 同④書。

七 生態學的思考與特殊教育

生態學的思考對特殊教育的影響

經濟的思考與特殊教育

從"經濟第一"的觀點來看特殊教育，則對於智賦優異的教育會特別重視，因爲一般認爲智賦優異兒童的教育投資，其回收的效益較大，反之教育投資最多而回收效益最低的便是智能不足心身障礙的特殊兒童教育，所以在任何一個社會，當他在急於發展經濟的時代，只能重視普通正常的兒童教育和天才兒童教育，身心障礙的兒童教育則不受重視，那要等到經濟發展達到相當豐足的社會，才會基於人道的考量而注意到身心殘障的兒童教育問題。

生態學的思考與特殊教育

可是現在經濟思考的時代已因爲環境問題而引起人類的反省與轉變，代之而興的是生態學的思考。生態學的思考對特殊教育亦有重大的影響，主要原因是生態學的觀念對特殊教育有下列幾點啟示：

㈠障礙兒童也是生活在人類的生態系統內：生態學對特殊教育的第一個啟示就是殘障兒童也是發生在人類的生態系統內，這

個系統就如第二章圖9圖10（見p. 88）所示，殘障兒是家族中的一分子，也是鄰里中大大小小的人羣中的一分子，社區中的一分子，學校學生中的一分子，他是我們人類生態系的一分子，跟正常的健康者關係密切，無法分開的。發生殘障兒童的家庭，則這個家庭是社會中的一個家庭，這個家庭的不幸是社會的不幸，這個社會要合力來支援這個家庭。殘障者在社會中，應有生存權，工作權，敎育權，財產權，除非他完全喪失能力，便不能剝奪他個人的權利，殘障者乃是部分能力低弱，旣然他是我們人類生態系的一分子，則健全的人便應或多或少的共同來扶助他。

㈡敎育與訓練可以使殘障者與正常人共生：生態學的相利共生觀念正是特殊敎育的最好註解。一個家庭發生殘障兒童，如能予以治療敎育，將他殘障的能力補強起來，使他能夠自立，則此家庭的父母便可照常在社會上工作，不必因爲需要在家照顧殘障兒童而犧牲工作機會，如此情形，藉敎育的力量補充殘障者缺失的能力，使殘障者獲得自立（或工作能力），便是相利共生的生態。

㈢給予殘障兒童敎育機會能促進障碍兒的生態成長：殘障兒童的潛能如果給予優良的特殊敎育，他和常人一樣，可以把潛能發揮起來，尤其勤能補拙，他可以學得很好。回歸主流的特殊敎育理論，正是說明特殊兒童在正常的人羣中受到相互影響而發生互相激盪相互扶助增長的效果，這和生態成長的道理是一樣的。

從經濟的觀點，認爲投資在殘障兒童的敎育是不能回收效益的浪費，但從生態學的觀點認爲生態系的健全是全社會人羣的共利，障碍兒童如能自立，使父母不必留在家裏照顧殘障兒童，則

是教育的最大回收，因此生態學的思考，肯定特殊教育不是低效
益的教育投資。

生態學導向的特殊教育系統

　　基於上述的理由近年來特殊教育的作法出現了以殘障者的需
要爲基礎的 (Needs Based) 特殊教育系統，或以殘障者服務爲基
礎的 (Service Based) 特殊教育系統，也有專爲殘障者社會學習
爲基礎的 (Social Based) 特殊教育系統，和臨床與治療爲基礎的
(Clinical and Treatment Based) 特殊教育系統，這些都是在生
態學思考的導向下形成的（或設計起來的）特殊教育系統，茲將
上列各種特殊教育系統簡介如下：

殘障者需要爲基礎的特殊教育系統

　　1974 年美國 加州教育委 員會實施 一個特 殊教育改 革計畫
(California Master Plan for Special Education)，這個計畫的
作法是依殘障者的個別需要，重新加以分類。其分類的結果有下
列四種需要的類別：

　　㈠The communicatively Handicapped：這一類殘障者屬於
聾、啞、重聽、言語障碍、發語障碍、失語症等，需要幫助他們
溝通方面的教育治療與補救訓練。

　　㈡The Physically Handicapped：這一類殘障者是屬於體能
肢體行動不自由，盲、弱視、和病弱等，需要從肢體、行動、運
動、動作方面幫助他增進能力者。

　　㈢The Learnning Handicapped: 這一類殘障者係屬學習教
科文字數理時智能不足、精神薄弱、情緒困擾、多動等原因，需

要從學習方法降低其困難度與增加其練習次數者。

㈣The Severely Handicapped：這一類屬於較嚴重之腦力障礙、心理發達障礙、或自閉症、重度情緒障礙等，只能訓練他自己解決大小便、換衣服、吃飯菜、洗手腳等簡單的生活動作者。

這樣的重新分類後，各類型的障礙兒童有較相近的需要性，再依據其需要為基礎 (Needs Based) 進行特殊教育的改革計畫，如 California Master Plan 的課程改進、師資訓練、校舍及設備等方面，都重新以某一類型的殘障者之需要為考量依據，從某一類型的殘障生態來設計，使其易於適應與發展。其計畫的全名即稱為：Ecologically Oriented, Needs Based, Master Plan for Special Education. ❶

殘障者服務為基礎的特殊教育系統

70年代以來，美國有許多州依據 Nicholas Hobs的特殊兒童的生態評估 (Ecological Assesment) 實施 Enablement Plan。這個特殊教育的改進計畫，即依照障礙兒童的服務需求情形，進行特殊教育改革。例如：

㈠設置 Liaison Teacher-Counselor 計畫：這是設置一種職位，專門替學校的教師和輔導員和家庭或社區的有關機構做聯絡工作，以便利教師的教學，輔導員的輔導，和殘障者的就學與生活，有了這麼一個 Liaison，可以使得殘障兒童的教育做得更為有效，更為方便，這個 Liaison（聯絡員）的服務工作，完全在於殘障者的需要❷。設有這種 Liaison 的學校目前有逐漸增多的趨勢，且多數設在住校的中重度殘障特殊學校裏。

㈡The Prevention-Intervention programe：這是田納西州

(Tenesee State) 實施的一種特殊教育改進計畫。此一計畫也是針對每一個殘障兒童做好生態評估 (Ecological Assesment)，再針對每一個殘障兒童的生態評估結果決定如何給予某種預防 (prevention) 與干預 (Intervention) 的教學訓練計畫❸。

㈢ The community-Based Service program：這是紐約州 (New York State) 實施的一種發展性服務 (DeveloPmental Services)。以社區 (Community) 爲單位，計畫的作爲是促使一個社區從各個可能的範圍來爲殘障者做些教育方面或生活方面的服務，使本來陷於困苦萎縮的殘障者，獲得發展的可能❹。

㈣The Service Deliverly Plan：這是像麻省(Massachusetts State)，和肯尼地卡州(Connecticut State) 等處，以電腦管理系統處理特殊兒童的教育、福利、醫療、保健等事項，以便將服務事項做到沒有遺漏地送到家。

這些以服務爲基礎的特殊教育作法即通稱爲：An Ecologically Oriented, Service Based Classification System❺。

社會適應爲基礎的特殊教育系統

本世紀的八十年代就要過去了，如果以八十年代世界各國的特殊教育實施狀況來看，則全世界的先進國家莫不注重殘障兒童的全數就學與回歸社會主流的教育措施。這種朝向回歸社會主流的特殊教育措施，有下列種種型態：

㈠普通班級內協助方式：即將殘障兒童編在普通班級就讀，同時接特殊教育教師的協助與特別教材教具的提供。

㈡訪問教師方式：即將特殊兒童編在普通班級，每人每週接受由外來的特殊教育教師訪問指導。

㈢資源班方式：卽將特殊兒童編在普通班級，每人有 1 — 2 小時在資源班教室接受個別指導。

㈣協力方式：卽將特殊兒童設籍於特殊學校或特殊班級，而於一定時間到普通學校或普通班級上課。

㈤交流方式：卽將特殊兒童設籍於特殊學校或特殊班級，但在可能範圍與普通學校或普通班級的兒童共同參加各項活動❻。

綜上所述回歸社會主流的作法，根本構想在於正常兒童與特殊兒童的交流統合問題，如何使特殊兒童不致於被分離企視，如何使特殊兒童勇敢自負地站起來，這要設法使特殊兒童在大社會中與所有的人羣統合，所以這是社會學習爲基礎的作法。這種回歸社會主流，實乃基於社會生態的想法。到目前爲止，各種回歸主流的教育措施，不外透過生活環境的回歸管道，或學習環境的回歸管道，和娛樂環境的回歸管道，工作環境的回歸管道等途徑，來使特殊兒童回到人類的生態系統內❼。

臨床治療爲基礎的特殊教育系統

殘障兒童的生態評估結果，每個障礙的個案（case）都是需要治療，有的需要教學方面的治療，有的需要行爲方面的治療，有的物理方面的治療，有的需要藥理方面的治療，其中或有兩種兼施的治療，或有需要多重的治療，因此教師、輔導員、醫師、護理師、復健師的協力配合，也是需要的，以臨床與治療爲基礎的特殊教育系統便是在 如此要求下發 展協同的工作方式（Team Work），且有逐漸普及的趨勢❽。

總之，從生態學來思考特殊教育問題，則觀念與作法，會有一些新的方向。本文提供的意見，可供參考。

引用文獻：

① Suzanne Salzinger. John Antrobus Joseph Glick: The Ecosystem of The "Sick" Child, Academic Press, 1980.

② 同①書。

③ 同①書。

④ 同①書。

⑤ 李聰明、 張正芬合譯： 世界各國的特殊敎育 ，正中書局，77年版。

⑥ 同①書。

⑦ 同①書。

⑧ 同①書。

教育生態學導論：教育問題的生態學思考
／李聰明著——臺北市：臺灣學生，民78
10, 165面：圖；21公分
ISBN 957-15-0004-6（精裝）：新臺幣170元
ISBN 957-15-0005-4（平裝）：新臺幣120元

1.生態學 2.教育—哲學，原理 I 李聰明著
520. 11/8435

教育生態學導論（全一冊）
——教育問題的生態學思考

著作者：李　　　聰　　　明
出版者：臺　灣　學　生　書　局
本書局登
記證字號：行政院新聞局局版臺業字第一一〇〇號
發行人：丁　　　文　　　治
發行所：臺　灣　學　生　書　局
　　　　臺北市和平東路一段一九八號
　　　　郵政劃撥帳號〇〇〇二四六六～八號
　　　　電　話：3　6　3　4　1　5　6
印刷所：永　裕　印　刷　廠
　　　　地　址：臺北市西昌街一六八號
　　　　電　話：3　0　6　8　0　6　4
香港總經銷：藝　文　圖　書　公　司
　　　　地址：九龍又一村達之路三十號地下
　　　　後座　電話：3－805807

定價　精裝新台幣一七〇元
　　　平裝新台幣一二〇元

中華民國七十八年七月初版

5210　　版權所有・翻印必究

ISBN 957-15-0004-6（精裝）
ISBN 957-15-0005-4（平裝）

U0103066